Traumreisen für hochsensible Kinder

Marie Timmermann

Liebevolle Fantasiereisen zum Entspannen und Wohlfühlen – Die Ruheinsel gegen Stress und Überreizung im Alltag

Vielen Dank, dass Sie sich für dieses Produkt vom Kroko Verlag entschieden haben. Für weitere Bücher und Neuerscheinungen besuchen Sie unsere Webseite. Scannen Sie dazu einfach den QR-Code oder geben die Adresse der Webseite in Ihren Browser ein.

Für Fragen und Anregungen schreiben Sie uns unter:

kontakt@kroko-verlag.com

www.kroko-verlag.com

Inhalt

Traumreisen für hochsensible Kinder

Die meisten Menschen denken bei dem Begriff „Traumreise" sofort an einen traumhaft schönen Urlaub. Man kann ihn aber auch anders verstehen – und zwar als eine Reise, die lediglich in Gedanken stattfindet.

Schon immer war es eine Eigenschaft der Menschen, sich gegenseitig Geschichten zu erzählen. Diese können an- oder aufregend sein, aber durchaus auch entspannend und meditativ. Über den Weg der Gedanken lässt sich nachweislich auch die Gefühlsebene erreichen. Es ist davon auszugehen, dass die Menschen dies bereits in grauer Vorzeit wussten und recht gezielt damit arbeiteten. Denn viele Therapien, die heute ganz alltäglich sind, standen den Menschen damals noch nicht zur Verfügung.

Dennoch hat sich die Traumreise als eigenständige Kategorie der Erzählung erst in jüngerer Vergangenheit herauskristallisiert. Vor allem bei

Kindern können dabei so viele positive Effekte festgestellt werden, dass ein immer größeres Angebot an Traumreisen für Kinder zur Auswahl steht.

Besonders hochsensible Kinder können von geführten Traumreisen profitieren. Bei ihnen treten viele Symptome zutage, die positiv beeinflusst werden können. Nervöse Unruhe, Zustände der Anspannung und diffuse Ängste sind Beispiele dafür.

Traumreisen können eine gute Unterstützung dabei darstellen, diese Zustände zumindest temporär zu lösen und für einen Moment der Ruhe zu sorgen. Eine Traumreise kann sich sowohl als Gruppenerfahrung als auch im Rahmen einer Einzelerfahrung anbieten.

Wichtig dabei ist aber immer, die Psyche der „Traumreisenden" zu kennen und einschätzen zu können. Bei tieferen psychischen Störungen, etwa eines Traumas oder einer Psychose, können Traumreisen kontraproduktiv wirken. In solchen Fällen sollte das Thema Traumreise stets eng mit dem behandelnden Arzt beziehungsweise Psychiater abgestimmt werden.

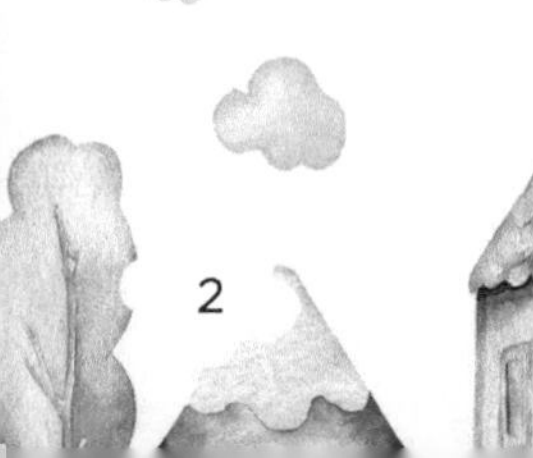

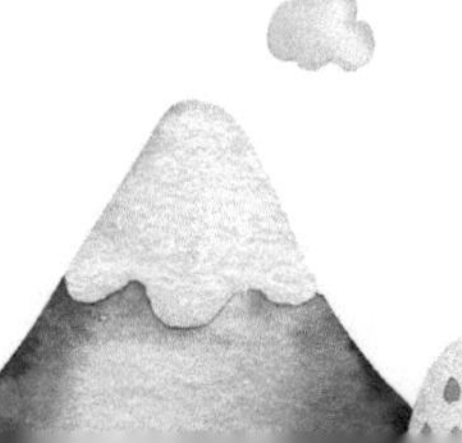

Traumreise als therapeutisches Mittel

Traumreisen sind eine recht schnell erlernbare Entspannungstechnik. Ähnlich wie gezielte Atemübungen, Yoga oder autogenes Training können sie das psychische Wohlbefinden deutlich steigern. Ähnliches gilt für Spaziergänge an der frischen Luft, für sportliche Übungen sowie humorvolle Kurzgeschichten.

Die Effekte aus diesen verschiedenen Techniken zeigen sich bei Menschen aller Altersgruppen und können daher auch bei Kindern festgestellt werden. Menschen sind allerdings unterschiedlich, zudem spielen geistige wie körperliche Gesundheit für die Wahl des geeigneten Mittels immer eine zentrale Rolle. Traumreisen erweisen sich in sehr vielen Fällen als zielführend. Allerdings kommt es auf den richtigen Moment und natürlich die individuell passenden Traumgeschichten an.

Ziele und Wirkungen einer Traumreise

Eine Traumreise ist viel mehr als eine Geschichte. Die Wirkungen, die sich mit einer Traumreise erzielen lassen, sind jedenfalls sehr vielfältig und dabei wissenschaftlich belegt. Auch wenn die Wirkungen natürlich nicht bei jeder Traumreise und jedem Menschen identisch sind, so lassen sich trotzdem an vielen Stellen positive Resultate erzielen.

- **Beschäftigung:** Traumreisen sind eine gute Möglichkeit, der allgemeinen Langeweile zu entfliehen. Die Stimmung wird gebessert und die Kreativität gefördert.

- **Entspannung:** Hochsensible Kinder sind schnell überfordert von den Reizen in ihrer näheren Umgebung und neigen dann entweder zu aggressivem Verhalten oder dazu, sich komplett zurückzuziehen. Mit Traumreisen kann man diesen Reaktionen effektiv entgegenwirken.

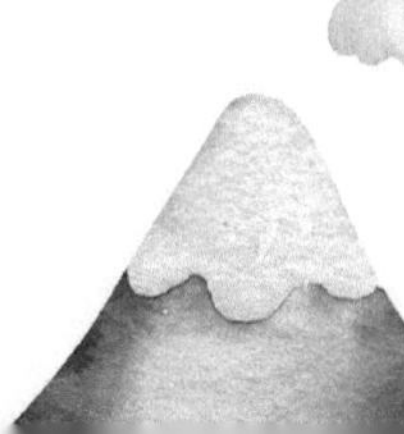

- **Stressbewältigung:** Auch allgemeiner Stress oder diffuses, also nicht anlassbezogenes Unwohlsein lassen sich durch Traumreisen wirkungsvoll reduzieren.

- **Förderung der Autonomie:** Traumreisen sind ein Weg in die ganz eigene Gedanken- und Gefühlswelt. Traumreisende lernen, dass sie sich in dieser Welt ganz eigenständig und frei bewegen können und sich ein Teil dieser Freiheit auch in die Realität mitnehmen lässt.

- **Die Förderung von Gefühlserlebnissen:** Hochsensible Kinder nehmen äußere Eindrücke sehr viel intensiver auf als andere und reagieren oftmals emotionaler. Mit Traumreisen ist es möglich, sie in die Entspannung zu führen.

- **Die Reduzierung schlechter Angewohnheiten oder Verhaltensmuster:** Mittels Traumreisen lässt sich negativen Verhaltensmustern positiv entgegenarbeiten.

- **Die Erkennung und Befriedigung eigener Bedürfnisse:** Durch die bereits angesprochene Freiheit in der eigenen Gedanken- und Gefühlswelt haben Traumreisende die Möglichkeit, sich selbst immer wieder positiv zu erfahren und zu erleben.

- **Die Schaffung eines Zugangs zu eigenen Erinnerungen:** Positive Erinnerungen bleiben generell länger erhalten als negative. Mit Traumreisen lassen sich auch verborgene Erinnerungen aus der Vergangenheit wieder freilegen. So können fast vergessene Erlebnisse zu einer verbesserten Stimmung und mehr Lebensqualität beitragen.

- **Die Schaffung von Vertrauen:** Traumreisen sind eine Gemeinschaftserfahrung des Vorlesenden und des Traumreisenden. Sie stärken die Bindung und untermauern das Vertrauensverhältnis.

Die Vorbereitung einer entspannten Traumreise

Ähnlich wie eine physische Reise laufen auch Traumreisen nach einem bestimmten Schema ab. Da man hier allerdings keine Koffer packen und über die Art des Verkehrsmittels nachdenken muss, kann man ganz entspannt in eine Traumreise starten.

Entscheidend ist also, bereits im Vorfeld für eine ruhige, entspannte Atmosphäre zu sorgen, auch wenn die reisende/n Person/en diese womöglich noch nicht vollkommen annehmen kann/können.

- **In ruhiger Form auf die Traumreise hinleiten:** Auch vorausgehende Aktivitäten sollten eher entspannen als an- oder gar aufregen. Eine Tasse beruhigender Tee etwa kann eine gute Einstimmung sein.

- **Für eine entspannte Sitz- oder Liegemöglichkeit sorgen:** Hier ist es wie bei der physischen Reise. Wenn man bequem sitzt oder liegt, sind die

Voraussetzungen für eine angenehme Reise geschaffen. Das Bett ist eine Möglichkeit, alternativ bieten sich aber auch Polstermöbel verschiedener Art an. Für eine Traumreise im Garten können sich auch Hängematte oder Hollywoodschaukel anbieten. In sogenannten Snoezele-Räumen macht man auch gute Erfahrungen mit Wasserbetten.

- **Das Licht dimmen / für sanfte Effekte sorgen:** Helles Licht wirkt der Entspannung entgegen, vollkommen dunkel darf es im Raum aber auch nicht sein, damit die Traumreise nicht direkt in den Tiefschlaf führt. Angenehm gedimmtes Licht ist optimal. Schön sind zudem sanfte Effekte, wie sie sich durch eine Lavalampe oder den freien Blick auf das Kaminfeuer erzeugen lassen.

- **Passende Hintergrundmusik einschalten:** Hierbei kann es sich um meditative Musik handeln, um Sphärenklänge oder auch um Naturgeräusche. Je nach Thema der Traumreise sowie individuellen Vorlieben bieten sich etwa Vogelstimmen, Meeresrauschen oder das Zirpen der Zikaden auf einer Sommerwiese an. Die Musik sollte aber immer dezent im Hintergrund bleiben.

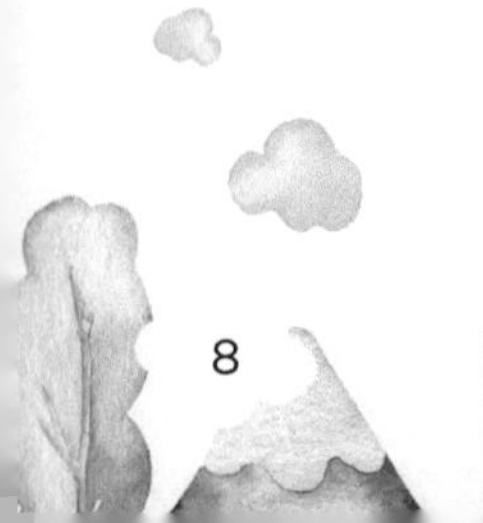

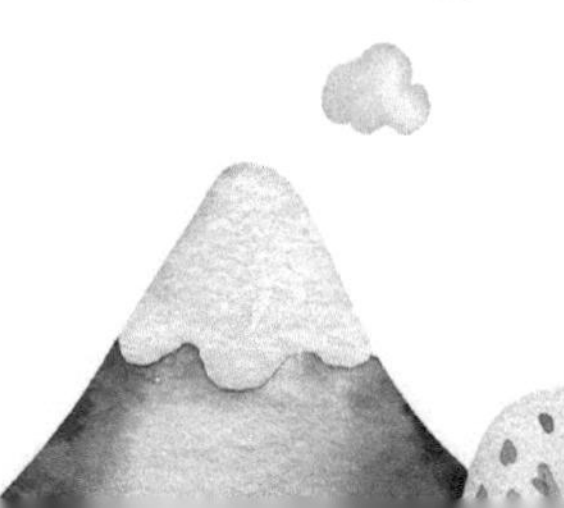

- **Einen angenehmen Raumduft erzeugen:** Duftkerzen oder in den Raum gesprühte Essenzen tragen mit zur Atmosphäre bei. Eine gewisse Vorsicht ist bei Räucherstäbchen geboten, da diese einen recht kräftigen Duft verbreiten, dessen Effekt sich auch ins Negative umkehren kann. In großen Räumen oder im Freien können sie allerdings eine gute Wahl sein.

- **Jede Möglichkeit der Störung fernhalten:** Hunger und Durst müssen im Vorfeld gestillt sein (eventuell ist es aber auch erlaubt, während der Traumreise ein Getränk zu genießen). Zwischenzeitliche Toilettengänge sind aber ebenso störend wie das Klingeln des Telefons oder der Besuch an der Haustür.

- **Den Beginn der Traumreise mit einem bestimmten Signal verknüpfen:** Hierbei sollte es sich um ein Signal akustischer Art handeln. Besonders gut bietet sich der sanfte Gong an, den man mit einer Klangschale erzeugen kann.

Die Grundregeln der Traumreise

Die Traumreise wird ausgelöst durch eine Geschichte, die langsam und ruhig vorgelesen beziehungsweise vorgetragen wird. Diese Geschichte transportiert imaginäre Bilder und regt dadurch die Fantasie und das Erinnerungsvermögen an.

Genau aus diesem Grunde ist es wichtig, die Gefühlswelt des Traumreisenden zu kennen. Denn einerseits ist es wesentlich, die verschiedenen Sinne anzuregen und Bilder, Geräusche, Kälte, Wärme oder auch den Tastsinn anzusprechen. Diese Gefühle müssen aber durchweg positiv verknüpft werden.

Darüber hinaus ist es wichtig, dass Traumreisen für Kinder nicht zu lang sind. Insbesondere bei Hochsensiblen kann dies andernfalls bedeuten, dass

sie während der Traumreise den Faden verlieren oder überfordert werden. Was möglicherweise nervöse Unruhen nach sich zieht.

Um zu gewährleisten, dass die traumreisende Person der Geschichte folgen kann, wird bewusst mit Pausen zwischen den Sätzen gearbeitet. Speziell dann, wenn einzelne Sinne konkret angesprochen werden, können imaginäre Bilder und die entsprechenden Gefühle miteinander verknüpft werden und für einige Sekunden nachwirken.

Passend dazu wird die Entspannungsübung nach dem Vorlesen nicht abrupt beendet. Vielmehr besteht die Möglichkeit, bei gemeinsamen Atemübungen oder beim Strecken der Glieder den Kreislauf langsam wieder anzuregen. Eventuell bietet es sich auch an, gemeinsam über die Traumreise zu sprechen, sofern diese schöne Erinnerungen aus der eigenen Vergangenheit wachgerufen hat.

Der Angler am kleinen Gebirgsbach

Mache es dir bequem, schließe deine Augen und konzentriere dich auf deine Atmung. Du atmest gleichmäßig ein und aus und spürst, wie sich dein Herzschlag immer weiter beruhigt. Dann fühlst Du, wie Sonnenstrahlen dein Gesicht wärmen und wie ein lauer Wind mit deinen Haaren spielt. Vor dir siehst du den Rand eines Waldes aus Nadelbäumen. Du setzt deine Schritte im Takt mit deinem ruhigen Herzschlag auf den Waldboden und spürst, wie weich er ist und wie er leicht unter deinen Füßen nachgibt. Auch riechst du den würzig-schweren Duft von Harz und den frischen Geruch der neuen Nadeln.

Dann entdeckst du, dass weiter hinten ein kleiner Fluss fließt. Das Wasser plätschert munter vor sich hin und je näher du dem Fluss beim Durchwandern der hohen Bäume kommst, desto mehr bekommst du durch die kühle Frische eine leichte Gänsehaut. Doch die warmen Sonnenstrahlen haben bereits so viel Kraft, dass dir bald gar nicht mehr so kalt ist.

Während du auf den kleinen Fluss zuläufst, hörst du einen Vogel singen. Es klingt wie ein helles „zip … zipp … zip". Dann siehst du ihn: Es ist eine Wasseramsel, ein kleiner brauner Vogel mit einer weißen Brust, der auf einem Stein unweit des Baches steht und der ab und an einen lustigen Knicks macht. Während er dich mit seinen dunklen Knopfaugen anschaut, hörst du eine warme tiefe Stimme.

„Komm, setz dich zu mir!" Die Stimme gehört zu einem Angler, der nicht weit von der Wasseramsel weg auf einem alten roten Klappstuhl sitzt. Er ist ein alter, freundlich lächelnder Mann mit langem weißem Bart. Außerdem trägt er einen runden, weißen Hut aus Stoff, um sich gegen die Sonne zu schützen. Er sitzt dort ganz allein und wirkt entspannt. Wo ist der Eimer mit seinen Fischen? Es riecht auch gar nicht salzig nach Fisch. Stattdessen entdeckst du auf seinem Schoß eine knallgrüne Thermoskanne. Andere Dinge hat er nicht dabei. Aber er winkt dir freundlich zu und zeigt auf einen dicken Baumstamm rechts neben sich. Dort kannst du dich hinsetzen. Ein etwas harter Sitzplatz, doch ganz bequem. Du bemerkst den holzig-warmen Duft der schuppigen Rinde, als der Angler in die Luft deutet.

Ein großer schwarzer Rabe zieht am Himmel seine Kreise. Er krächzt, was ziemlich rau und tief klingt und richtet seine in der Sonne schimmernden Federn passend zum Wind aus. Dadurch wirkt er ein bisschen wie eine Puppe an einem Faden, die gekonnt mit der Luft spielt. Ob er wohl darauf wartet, dass es für ihn frischen Fisch zum Essen gibt? Der Angler schaut den Raben an und ruft ihm „Wir angeln nicht", entgegen. Als wenn er den Mann verstanden hätte, fliegt der Vogel nun davon.

Natürlich hat der Angler deinen fragenden Blick längst gesehen. „Ich esse gar keinen Fisch." Während er diese Worte spricht, zieht er seine Angel langsam nach oben. Am Ende der Angelschnur ist kein Haken und auch kein armer Regenwurm, sondern nur eine alte Münze mit einem Loch in der Mitte. „Ich liebe es, hier zu sitzen. Auch die Tiere kennen mich längst. Besonders die Bachforellen." Durch das klare Wasser kannst du die Kieselsteine sehen, die vom hellen Schein angestrahlt werden. Kleine Schatten bewegen sich über diesen Steinen und reflektieren das Sonnenlicht in vielen bunten Farben. Es sind Forellen, die fast wie lebendige Edelsteine schimmern und neugierig nachsehen wollen, wer hier zu Besuch gekommen ist. Eine der Forellen ist ganz dicht vor dir, fast könntest du sie mit der Hand streicheln. Die Bachforelle hat glänzende, graue Schuppen mit schwarzen Flecken, die hell umrandet sind. Vorsichtig schaut sie, dass keine Gefahr von oben droht.

Du kannst zuschauen, wie sie sich in der Strömung des Flusses bewegt, genau wie all die anderen Forellen. Immer wieder benutzt sie die kräftige Schwanzflosse, um sich an der gleichen Stelle zu halten. Ab und an hat sie so viel Schwung, dass einige Wassertropfen bis an den Rand des Baches spritzen und in deinem

Gesicht und auf deinen Händen landen. Spürst du, wie kalt das klare Wasser ist?

Wie gut, dass der Angler keinen Haken an seiner Angel hat! Die Fische sind also nicht in Gefahr, wenn sie so dicht an euch herankommen. Nun greift er in seine Tasche und holt eine kleine, bunt verzierte Blechdose heraus. Er klappt den leise quietschenden Deckel auf, dann nimmt er deine Hand und streut einige kleine, fast schwarze Kugeln darauf. „Forellenfutter.", sagt der Angler. Es sind harte Körner, die ein bisschen salzig riechen. Ganz vorsichtig streust du einen Teil dieser Kugeln auf eine ziemlich ruhige Stelle im Wasser. Hier gibt es etwas weniger Strömung, sodass dein Fischfutter nicht sofort weggetrieben wird. Ganz langsam trauen sich die Forellen dichter heran, um eine Kugel nach der anderen aufzufressen. Dabei kommen sie mit geöffnetem Maul ganz dicht an die Oberfläche des Wassers. Bei der Gelegenheit erkennst du, dass sie dort kleine Zähne haben, mit denen sie sonst auch nach Insekten schnappen. Das Futter scheint den Forellen gut zu schmecken: Sie sehen sehr zufrieden aus als sie sich wieder in die Strömung begeben und sich die Sonne auf den Rücken scheinen lassen.

Der Angler nickt lächelnd, dann steckt er die Dose wieder in seine Tasche.

„Die Tiere am Fluss sind unsere Freunde.", sagt er zu dir. „Du musst nur ganz leise und freundlich sein, dann sind sie es auch."

Du lächelst und verabschiedest dich freundlich von dem netten Angler. Dann kehrst du langsam in das Hier und Jetzt zurück. Strecke dich ein wenig, erst die Finger, dann die Hände, die Füße, deine Arme und Beine. Atme noch zwei-, dreimal tief ein und aus und erinnere dich dabei an den Geruch des Wassers und der Tannennadeln und an die Wärme der Sonne auf deinem Gesicht. Öffne zuletzt vorsichtig die Augen, freue dich über die entspannten Momente am Gebirgsbach und nimm diese guten Gedanken mit in den Tag.

Der Seespaziergang

Hast du es gemütlich und warm? Dann mache langsam deine Augen zu. Kannst du fühlen, wie sich dein Herzschlag langsam beruhigt und auch deine Atmung immer gleichmäßiger wird? Achte anschließend einmal auf deine Füße. Sie tragen weder Socken noch Schuhe. Du spürst weiche, leicht krümelige Erde und weiches Gras unter ihnen, während du von einer grünen Wiese aus immer weiter auf das Ufer eines kleinen Sees zuläufst. Es ist Sommer und es duftet nach bunten Wiesenblumen und nach Wasser.

Du bewegst dich ganz in Ruhe dichter an den See heran. Aber vorsichtig, denn du möchtest ja nicht auf die Bienen treten, die langsam über die Wiese schweben und Pollen sammeln. Aus denen machen sie später würzig-süßen Honig. Der See kommt immer weiter in Reichweite und du stellst fest, dass er an vielen Stellen von Schilf umgeben ist. Hörst du, wie es ganz fein im Wind rauscht und wie sich die Halme bewegen? Es klingt so und sieht so aus, als wenn ein unsichtbarer Riese eine Pusteblume auspusten würde. Aber natürlich ist das Schilf keine Pusteblume, sondern ein toller Nistplatz für verschiedene Vögel.

Was ist das? Ein raues, aber gleichmäßig tiefes Quaken verrät die Enten-Eltern, während die Küken hell und ein wenig piepsig klingen. Sie haben keine Angst und kommen an den Rand des Gewässers, um im flachen Wasser zu gründeln und nach Algen und anderen Wasserpflanzen zu suchen. Das sieht lustig aus und du vergisst langsam die Zeit und den Raum, während dir die Sonne den Nacken wärmt.

Wieder hörst du ein Geräusch. Doch diesmal ist es weiter entfernt und scheint von der Mitte des Sees zu kommen. Du musst die Ohren spitzen, um herauszufinden, was es ist. Ob wohl ein Fisch auf der Jagd nach einer Fliege aus dem Wasser gesprungen ist? Dann hättest du ihn ja eigentlich sehen müssen …

Während du noch überlegst, wiederholt sich der Laut: Ein Wasserplatschen, wie wenn jemand schwimmt. Nun ist es dicht vor dir und dann steigen auch schon langsam zwei Personen aus dem Wasser: Es sind zwei Wassermenschen, ein Mann und eine Frau. Vor Überraschung reißt du die Augen auf und vergisst gleich, etwas zu sagen. Sie lächeln dich mit ihren wassergrünen und -blauen Augen an und schieben sich jeweils eine nasse Haarsträhne aus ihren Gesichtern. „Magst du mit uns im See spazieren gehen?", fragt dich die Frau. Hier an diesem See kommt so selten jemand vorbei und wenn, laufen die Leute direkt weg, wenn sie uns sehen. Dabei muss man vor uns doch gar keine Angst haben. Wir freuen uns einfach über Besuch."

Ob die beiden es wirklich ernst meinen? Zuerst bist du ein wenig unsicher und trittst von einem Fuß auf den anderen. Der Boden unter deinen Füßen ist weich und fühlt sich ein wenig feucht an – wie es an einem Seeufer eben so ist. Sicherlich fühlst du dein Herz stark und schnell schlagen. Einen See unter Wasser anschauen – wenn das kein spannendes Abenteuer ist! Du nickst und lächelst ihnen zu und spürst plötzlich, wie dir ganz leicht ums Herz wird.

Anschließend tritt der Wassermann einen Schritt auf dich zu und drückt dir einmal fest und gefühlvoll die Hand. Seine Berührung fühlt sich kühl und feucht, aber nicht unangenehm an. Ganz im Gegenteil. Deine Abenteuerlust steigt weiter und du gehst langsam hinter den beiden her immer weiter ins Wasser. Es ist gar nicht so kalt, wie du vermutet hast, denn die Sonne hat es bereits ziemlich aufgewärmt. Ob du nun wirklich unter Wasser atmen kannst? Du machst einen tiefen Atemzug, bei dem du eine große Portion blaugrünes Seewasser nimmst – und tatsächlich! Es lässt sich hervorragend atmen und einige gleichmäßige Atemzüge später bist du bereit, mit den Wassermenschen loszulaufen.

Wie bezaubernd und anders die Welt hier im See unterhalb der Wasseroberfläche doch ist! Dicht darunter schimmert die Sonne ganz wunderbar. Siehst du, wie sie das Wasser an manchen Stellen in ihren Lichtspielen so hell wie Silber schimmern lässt? Als du dich umdrehst, um den Wassermenschen zu folgen, schaust du plötzlich einer verblüfften jungen Ente ins Gesicht. Die hat hier mit dir bestimmt nicht gerechnet.

Aber die Wassermann-Kinder scheint sie schon zu kennen, denn sie lässt sich von ihnen vorsichtig den Kopf kraulen, bevor sie wieder langsam mit ihren breiten, mit Schwimmhäuten versehenen Füßen an die Oberfläche paddelt. Ein niedlicher Anblick, der dich ein wenig zum Lachen bringt, woraufhin eine Reihe von Luftblasen aus deinem Mund entweicht und wie an der Schnur einer Perlenkette nach oben gezogen wird.

Die Wasserperlen locken einen kleinen Fisch an, der so schnell wie ein goldener Blitz aus einem Wasserpflanzen-Versteck geschossen kommt und nach ihr schnappt. Aber eine Luftblase macht natürlich nicht satt und du siehst ihm seine Enttäuschung an der Maulspitze an. Vielleicht das nächste Mal, kleiner Fisch! Der Wassermann legt dir seine Hand auf die Schulter und meint: „Schau einmal nach rechts!" Er zeigt auf ein Wesen, das sich ebenfalls nur ein kleines Stück von dir entfernt durch den See bewegt – einen Frosch. Als er sieht, dass du ihn ebenfalls anschaust, kommt er zu dir geschwommen und lässt sich von dir streicheln. Seine Haut fühlt sich feucht und ganz zart an. Zwischendurch schließt er genießerisch die Augen. Doch dann macht er sich wieder auf den Weg nach oben.

Du schaust ihm nach und so langsam fällt dir ein, dass du ja auch langsam nach Hause gehen musst. Die Wassermenschen verstehen das natürlich, obwohl sie dir gern noch viel mehr vom See gezeigt hätten. Deswegen verabredet ihr euch einfach für einen weiteren Spaziergang. Nachdem sie dich sicher wieder nach oben gebracht haben, drückt der Wassermann erneut deine Hand und du kannst wieder an der Luft atmen.

Dann sagst du den beiden „Auf Wiedersehen" bevor sie dir zum Abschied nachwinken. Nun kannst du wieder den süßen Duft der Blumen wahrnehmen und die Vögel noch einmal zwitschern hören. Strecke dich dann zwei, drei Mal genüsslich, atme tief ein und aus und öffne langsam die Augen, bevor du wieder durchstartest. Ob du auch hier an Land etwas Wasserblaugrünes entdeckst?

Die Südseeinsel

Mache es dir bequem, strecke deine Arme und Beine zwei oder drei Mal richtig aus und schließe langsam deine Augen. Nun hörst du deinem Herz beim Schlagen zu und merkst, wie sich dein Puls langsam beruhigt und immer gleichmäßiger wird. Auch deine Atmung passt sich langsam an. Atme mehrmals tief ein und aus und lasse dich auf deine neue Traumreise ein.

Du befindest dich am Strand einer Südseeinsel. Das Meer ist türkisblau, klar und riecht leicht nach Salz und Muscheln. Da du genau an der Wasserkante stehst, können Wellen, die den Strand etwas weiter herauf reichen, deine Füße umspülen. Spürst du, wie warm und gleichzeitig erfrischend sie sich anfühlen und wie weich du auf dem nassen Untergrund stehst? Bleibe einen Moment lang hier und genieße mit geschlossenen Augen die Sonne, die dich mit ihren hellen Strahlen wärmt – bevor ein wenig Wind auffrischt und dafür sorgt, dass dir nicht zu warm wird. Ist es nicht wunderbar, das Rauschen des Meeres und das des Windes zu hören?

Plötzlich bemerkst du eine Bewegung an deinem linken Fuß. Etwas Hartes mit spitzen Kanten wird von den Wellen gegen deinen Fuß gespült. Nicht so scharf, dass es dich verletzen könnte, keine Sorge. Aber genauso hart und spitz, dass du die Augen wieder öffnest und dich nach dem Gegenstand bückst. Was ist das? Es ist das leere Haus einer Stachelschnecke, die im Meer gelebt haben muss und noch etwas sandig ist. Du kannst noch einige der hellen rauen Körner fühlen, als du das Schneckenhaus zwischen deinen Fingern drehst und wendest. Nachdem du es mit ein wenig Wasser abgespült hast, merkst du jedoch, dass auch das Haus selbst nicht ganz glatt ist. Da sind die beeindruckenden Stacheln selbst, die ihm ein abenteuerliches Aussehen verleihen. Fast ein wenig wie die eines Drachen. Und dann besitzt die Behausung der Schnecke auch noch einige Rillen, wodurch sie sich ganz besonders anfühlt. Dazu noch die dunklen Streifen, die dich ein bisschen an einen Tiger erinnern ... so etwas hast du bisher bestimmt noch nicht oft gesehen, oder?

Doch das Schneckenhaus ist nicht die einzige Überraschung auf dieser schönen Insel, wie du jetzt bemerkst. Denn du hörst auch die lauten Rufe, die vom Inselinneren an den Strand dringen. Sie klingen laut, ein wenig heiser, aber ziemlich vergnügt. Ein bisschen so, wie wenn sich auf einem Markt die Obst- und Gemüseverkäufer*innen darum streiten, wessen Lebensmittel die leckersten sind. Deswegen beschließt du, genauer zu erkunden, wer da so schreit und gehst langsam und vorsichtig den Strand hinauf und in Richtung der weiter oben stehenden Palmen. Oh! Der Sand ist von der Sonne so sehr aufgewärmt worden, dass er sich ganz schön heiß unter deinen Füßen anfühlt. Schaffst du es, gleichzeitig schnell und doch so vorsichtig zu laufen, dass deine Füße nicht brennen, du aber auch nicht auf die im Sand liegenden Muschelschalen und Schneckenhäuser trittst?

Schon geschafft! Du bist am Palmenwäldchen angekommen und fühlst, dass der Schatten, den die Pflanzen werfen, gleich eine deutliche Kühlung mitbringt. Die Blätter der Palme malen dir wechselnde Schatten aufs Gesicht und du brauchst einen Moment, bevor du dich an die neuen Lichtverhältnisse gewöhnt hast. Doch dann ist es hier mindestens genauso spannend wie am Strand. Wieder hörst du die lauten Rufe, nur scheinen es diesmal viel mehr Lebewesen zu sein, als du am Meer dachtest. Um wen es sich dabei wohl handelt?

Ganz langsam setzt du deine Füße Schritt für Schritt tiefer in den Wald. Du musst dich gut konzentrieren, damit du nicht aus Versehen über Äste und Wurzeln von kleineren Bäumen und Gebüschen stolperst. Aber das klappt im Laufe der Zeit immer besser und du hast deine Ohren, deine Augen und deine Nase für die neuen Eindrücke frei. Atme einmal tief ein und aus. Und noch einmal. Merkst du, wie es nach Honig und Vanille duftet? Ein bisschen süß, ein wenig herb und auf jeden Fall sehr exotisch. Und da! Da ist es auch wieder, das laute Rufen – nur jetzt ganz dicht vor dir!

Drücke einmal die Blätter des vor dir befindlichen Busches ein wenig zur Seite. Sie sind dunkelgrün, fühlen sich fest und gleichzeitig fast weich unter deinen Händen an und rascheln ganz leise, während du sie bewegst. Kannst du nun erkennen, wer so laut gerufen hat? Es sind Loris, kleine knallbunte Papageien! Sie schimmern vor den grünen Büschen wie leuchtende Edelsteine. Ein blauer Kopf und Bauch, eine rote oder gelbe Brust, grüne Flügel und ein gelber Nacken! Hast du schon einmal an einer anderen Stelle so bunte Vögel gesehen?

Einige von ihnen sitzen in einem Baum und futtern sich durch frische Früchte, die ein wenig wie Aprikosen ausschauen. Es klingt lustig, wie sie miteinander reden und du stellst fest, dass die Rufe gar nicht böse gemeint sind, sondern den anderen nur zeigen sollen, an welchen Ästen das beste Obst zu finden ist. Nicht weit von den Bäumen entfernt scheint auch ein kleiner See zu sein, an dessen Ufer andere Loris baden und ein bisschen Wasser trinken. Dabei schauen sie in regelmäßigen Abständen nach oben, um zu prüfen, ob alles in Ordnung ist. Sie brauchen sich keine Sorgen zu machen: Die einzigen Geräusche, die zu hören sind, kommen vom Rauschen des Windes in den Blättern und dem Gesumme der Wildbienen, die auf der Suche nach Blüten und Nektar sind.

Du könntest stundenlang hier stehen und ihnen zusehen, wie sie von einem Baum zum anderen fliegen oder geschickt über die Äste klettern. Manchmal knabbert ein Papagei dem anderen auch vorsichtig mit dem Schnabel an den Nackenfedern und der zweite schließt dabei genießerisch die Augen.

Merkst du das in deinem Nacken auch? So ein leichtes Kribbeln, das dich daran erinnert, dass du dich einmal gründlich räkeln und strecken wolltest? Anschießend könntest du deine Zehen und Finger ein paar Mal zusammenziehen und wieder spreizen. Und wenn du jetzt deine Augen ganz langsam wieder aufmachst ... vielleicht entdeckst du dann etwas, das genauso bunt wie die kleinen Loris ist und das dir den ganzen Tag über Freude bereiten kann!

Ein Morgen am Wald

Entspanne dich und schließe langsam die Augen. Atme bewusst und tief ein und aus, ein und aus. Verfolge, wie sich dein Herzschlag deiner Atmung anpasst und wie du immer weiter in die Ruhe hineingleitest. Auch deine Finger und Zehen, Füße und Hände, deine gesamten Arme und Beine werden angenehm schwer und gleichzeitig ganz leicht und du befindest dich in einer Art Schwebezustand.

Wenn du nun tief in dich hineinhorchst, hörst du das leichte Rauschen von Blättern im Wind. Du öffnest die Augen und stellst fest, dass du dich an einem Übergang zwischen Wald und Feld befindest. Noch stehst du auf einem befestigten Weg, der sich hart unter deinem stabilen Schuhwerk anfühlt. Doch wenn du dich nun einige Schritte auf den nicht weit entfernten Hochsitz zu bewegst, spürst du, wie sich der Boden bereits weicher und nachgiebiger anfühlt. Ein Waldboden, der mit einer Schicht aus Kiefernnadeln und Buchenblättern bedeckt ist.

Kein Wunder, schließlich ist es Herbst und es ist die Zeit des Sonnenaufgangs. Du beobachtest , wie die Sonne wie eine in Zeitlupe vorankriechende Schnecke immer weiter in die Höhe steigt. Die kühle Luft, in der noch etwas Tau liegt, vermischt sich mit den Sonnenstrahlen zu einer leicht goldig erscheinenden Zuckerwatte. Ob du einmal auf den Hochsitz steigst, um zu schauen, ob jemand auf dem Feld unterwegs ist?

Nachdem du dich dafür entschieden hast, greifst du nach dem Holz, um die Leiter nach oben zu klettern. Es fühlt sich gut unter deinen Händen an – fest, verlässlich und stabil. Da die einzelnen Sprossen nicht allzu weit auseinander sind, bist du innerhalb weniger Sekunden oben angelangt. Die Plattform des Hochsitzes ist nicht besonders groß. Dafür bietet sie dir aber einen ziemlich bequemen Sitzplatz und durch ihre Holzverkleidung mit kleinem Sichtfenster nach vorne aufs Feld hinaus ein gutes Versteck.

Auch steht der Wind so günstig, dass er dich den Wesen, die sich bereits auf dem Feld befinden, nicht verraten wird. Prompt erscheinen die ersten Rehe. Es sind zwei Ricken, fast gleich groß, die sich vorsichtig bewegen, und immer wieder mit Blicken und Schnuppern überprüfen, ob die Luft auch wirklich rein ist. Du hältst im Hochsitz die Luft an, als sie immer weiter auf deinen Standort zulaufen und auf dem Boden nach einigen auf der Erde verbliebenen Körnern suchen. Immer wenn ein Reh etwas gefunden hat und den Kopf zum Fressen senkt, beobachtet das andere argwöhnisch die Umgebung. Jedes kleine Knacken wird mit einem schnellen Umschlagen der Ohren aufmerksam belauscht.

Fast fünfzehn Minuten äsen sie quasi vor deinen Füßen, bevor sie sich langsam wieder in den Wald zurückziehen. Genau in dem Moment taucht ein Fuchs auf. Auch er ist in einer Mischung aus Habacht- und Lauerstellung und läuft mit kleinen, schnellen Schritten auf das Feld. Keinen Mucks machen seine Pfoten dabei – sicherlich möchte er die Mäuse nicht unnötig aufscheuchen. Zwischendurch verharrt er immer wieder in einer angespannten Haltung – fast, als hätte man ihn eingefroren. Dann setzt er seinen Weg fort und verschwindet am Ende des Felds. Ob hier wohl keine Mäuse unterwegs waren?

Das kannst du dir eigentlich kaum vorstellen. Immerhin ist der Tisch für die kleinen Nager bestimmt noch reichlich gedeckt. Aber auch im Wald werden sie nun einige Leckereien entdecken. Was zumindest der würzige Duft nach Wald-Erde, kräftigem Harz und Pilzen verspricht. Nun steigst du endgültig vom Hochsitz ab und begibst dich immer weiter hinein ins Dickicht der Bäume. Neben goldigen, kleinen Blättern der Birken entdeckst du stellenweise auch rotglänzende gefiederte Ahornblätter. Und auch das Buchen- und Eichenlaub beeindruckt dich mit einem satten Goldbraun bis Rostrot.

Da die Sonne nun immer mehr an Kraft dazugewinnt, kannst du spüren, wie die Temperatur innerhalb weniger Minuten ein bisschen ansteigt und sie deinen Nacken ganz leicht wärmt. Die Spiele aus Licht und Schatten sind wunderschön und das trockene Laub raschelt leise unter deinen Füßen, während du über den weichen Waldboden läufst. Dabei musst du dich etwas konzentrieren – es gibt zwar viel zu sehen, aber die Baumwurzeln unter den heruntergefallenen Blättern sind nicht immer direkt zu erkennen. Immerhin eine Form der Konzentration, die Spaß macht – fast genauso viel, wie die anderen Waldbeobachter zu entdecken und zu beobachten.

Denn wenngleich im Wald keinerlei menschliche Geräusche und Straßenlärm zu hören sind, ist es hier doch nicht vollständig mucksmäuschenstill. Eine Taube verrät sich durch ihr sich wiederholendes tiefes Gurren – und offenbar ist auch ein Specht fleißig am Werk. Sein kurzes, aber kräftiges, in regelmäßigen Abständen auftretendes Hämmern lässt jedenfalls keinen anderen Schluss zu.

Kein Wunder, schließlich möchten alle Tiere die schönen Herbsttage nutzen, um Vorräte anzulegen und ihr Nest gemütlich und winterfest machen. Dies gilt sicherlich auch für das Eichhörnchen, das dicht vor dir mit einer Buchecker im Maul über den Weg hopst und ganz genau von einem Eichelhäher im Baum gegenüber beobachtet wird. Ob es seine Nuss wohl wiederfinden kann? Oder ob sie sich der Vogel holt? Eigentlich eine spannende Geschichte ...

Bevor du ihrer Lösung jedoch so richtig auf die Schliche kommst, raschelt es dicht hinter dir. Überrascht drehst du dich um und schaust einem mindestens ebenso überraschten Dachs ins Gesicht. Sicher war er auf der Suche nach Pilzen und konnte den aromatisch duftenden Steinpilzen dicht hinter dir nicht widerstehen. Zu schade, dass du keinen Korb dabeihast – dafür seien ihm die Waldfrüchte nun von Herzen gegönnt.

Vorsichtig ziehst du dich nach vorne hin zurück und überlässt ihm die Leckereien. Kein schlechter Tausch, denn nur wenige Meter entfernt siehst du einen wilden Brombeer-Busch. Seine kräftigen, spitzen Dornen ragen bedrohlich in alle Richtungen. Doch durch deine Geschicklichkeit fällt es dir nicht schwer, dir ein paar der leicht weichen, dunkelblau-violetten Beeren zu pflücken. Sie sind leicht süßsäuerlich, einfach ungeheuer gut. Schnell pflückst du noch eine Handvoll, die du dir für den weiteren Weg aufheben möchtest ... und wenn du dich nun langsam reckst und streckst und wieder im Hier und Jetzt ankommst, kannst du ihren Geschmack immer noch auf deiner Zunge wahrnehmen.

Das Blaubeer-Pflücken

Schließe deine Augen und lehne dich sanft zurück. Atme bewusst ein und aus und verfolge deinen immer gleichmäßiger werdenden Pulsschlag. Spürst du, wie du immer ruhiger wirst und dich immer weiter entspannst? Sobald deine Atmung ganz gleichmäßig geworden ist, erscheint vor deinem inneren Auge eine bergige Heidelandschaft.

Noch stehst du auf einem Parkplatz und fühlst den harten, ein wenig ungleichmäßigen Schotter, mit dem er bedeckt ist, unter deinen Füßen. Doch schon wenige Meter vor dir liegt ein gewundener Weg, der in einigen Kurven nach oben führt. Er ist an den Rändern mit Holzbalken befestigt, die ihn gegen die grün-braunen Heidebüsche abgrenzen.

Bevor du dich auf den Weg nach oben machst, bückst du dich leicht, um den kleinen, engmaschig aus Weiden geflochtenen und mit einem blau-weißen Küchentuch ausgelegten Korb aufzunehmen. Er wird dir gleich beim Blaubeer-Pflücken gute Dienste erweisen. Als du die ersten Schritte machst, dringt plötzlich ein lautes, heiseres Rufen an dein Ohr. Bei einem Blick zur Seite stellst du fest, dass es sich um einen Raben handelt. Er schaut dich mit seinen schwarzen, glänzenden Augen genau an und dreht dabei den Kopf ein wenig zur Seite. Sein Blick verrät, dass er genau überlegt, ob für ihn nachher vielleicht auch einige Beeren abfallen könnten.

Du nickst und zwinkerst ihm zu und machst dich langsam auf den Weg nach oben. Schließlich weißt du, dass auf einer kleinen Lichtung in der Nähe des nicht weit entfernten Gipfels die besten Blaubeersträucher stehen. Doch du hast es nicht eilig und genießt die frische, warme Sommerluft und die wunderbare Aussicht ins Tal. Obwohl die Welt dort unten nicht besonders weit entfernt ist, sehen die Autos wie kleine bunte Perlen aus, die durcheinander kugeln.

Apropos Perlen: Bereits vom noch abgegrenzten Wegesrand aus kannst du einen Blick in die Heide- und Blaubeersträucher werfen. Die Blaubeerpflanzen sind voll mit dunkelblau-violetten Beeren, die appetitlich in der Sommersonne glänzen. Schon jetzt möchtest du den Korb abstellen, deine Hände ausstrecken und die ersten Früchte zum Sofort-Naschen ernten. Aber du beherrschst dich, obwohl dir jetzt schon das Wasser im Mund zusammenläuft. Denn wenn man erst einmal mit dem Naschen angefangen hat …

Als du dich mit ein wenig Mühe losreißt und einige Schritte weitergehst, dringt ein leichter Duft nach Wald und Pilzen in deine Nase. Du verweilst für einen Moment, um ihm genauer nachzuspüren. Da! Unter einer kleinen Gruppe von Birken, deren Blätter sich fein im leichten Wind bewegen, entdeckst du einige Birkenpilze. Fast schade, dass du heute nur Blaubeeren pflücken möchtest. Immerhin hast du sofort den Geschmack von in Butter gebratenen, mit frischer Petersilie garnierten und auf einer Scheibe kräftigem Brot mit knuspriger Kruste servierten Pilzen auf der Zunge.

Während du noch in Gedanken bist, bemerkst du eine Mischung aus Rascheln und Huschen. Wer sich da wohl seinen Weg durch die Sträucher bahnt? Es ist eine Mauereidechse, die plötzlich auf einem Stein nicht weit von dir entfernt verharrt und sich von der

Sommersonne aufwärmen lässt. Mit ihrem langen, spitz zulaufenden Schwanz, den feinen Hautschuppen in einem abwechslungsreichen Braun-und-Grau-Muster und den wachen, kleinen Knopfaugen sieht sie fast wie ein Mini-Drache aus. Sie scheint sich an deiner Anwesenheit nicht zu stören und schließt zwischendurch genießerisch die Augen. Kein Wunder – wer würde sich bei der Wärme und dem leichten Wind nicht wohlfühlen?

Auch du schließt die Augen und hörst für einige Momente nur auf deine Herzschläge, das heimelige Rauschen der Birkenblätter und der Heidesträucher. Wie schön ist es, am Berg in der Natur zu sein und keine Eile zu haben ... Aber dann fallen dir die Blaubeeren wieder ein – und dass es eigentlich nicht mehr weit bis zu deiner Lieblingspflückstelle ist.

Nachdem du mit deinem Korb die letzten Meter dorthin zurückgelegt hast, breitet sich eine sehenswerte Fläche mit Blaubeersträuchern vor dir aus. Als hätten sie nur auf dich gewartet, strecken sich dir kleine Zweige voller Beeren entgegen. Vorsichtig setzt du deine Schritte zwischen die Sträucher, um sie nicht zu beschädigen und die schönen Früchte nicht zu zertreten.

Dann bückst du dich, um die ersten Beeren zu ernten. Sie lassen sich leicht von den Stielen lösen und besitzen die perfekte Festigkeit. Nachdem du die erste Handvoll gesammelt hast, führst du diese dicht an deine Nase, um den köstlichen Geruch aufzunehmen. Merkst du, wie sie nach Sommer, Sonne und Wald riechen? Frisch, leicht süßsäuerlich und unglaublich gut? Und genauso schmecken sie auch!

Fast zu schade, um sie zu sammeln und nicht gleich einfach alle an Ort und Stelle zu naschen! Doch du erinnerst dich an die Blaubeer-Pfannkuchen mit einer knusprigen Kruste und einem noch leicht weichen Inneren, die es heute bei dir zum Abendessen geben soll. Mit einer ordentlichen Portion Zimt und Zucker sind sie so lecker, dass dir jetzt schon das Wasser im Mund zusammenläuft.

Allerdings muss der Korb dafür erst einmal deutlich weiter gefüllt werden und so machst du dich daran, die Büsche gleichmäßig und gründlich abzusuchen. Wie gut, dass sie so voll mit Beeren sind – denn auch wenn die Früchte nicht übermäßig groß sind, fällt das Sammeln so doch recht leicht. Und das Aroma macht die nicht so bemerkenswerte Größe mehr als wett.

Während du in Gedanken versunken vor dich hin sammelst, hörst du das dezente Schlagen eines Flügelpaares, das plötzlich endet. Dafür ertönt ein anderes wohlbekanntes Geräusch: Das Krächzen des Raben, den du bereits auf dem Parkplatz getroffen hast. Nun hat er sich in eine Birke nicht weit von deiner Sammelstelle gesetzt und hofft, dass du ihm ein paar Leckereien abgibst. Natürlich könnte er sich auch selbst in die Büsche aufmachen. Aber warum, wenn das auch jemand anderes für ihn tun kann?

„Ein schlauer Bursche!", denkst du und lachst, als du kurz darauf fertig bist, dich mit deinem vollen Korb wieder auf den Rückweg machst und ihm selbstverständlich eine Handvoll Beeren unter die Birke legst.

Und während du dich langsam reckst und streckst und wieder wach wirst, nimmst du nicht nur die gute Laune, sondern auch die Wärme der Sonnenstrahlen auf deinem Rücken und den leckeren Geschmack der frischen Früchte ins Hier und Jetzt mit.

Für die Nüsse – der Herbstspaziergang im Park

Sitzt oder liegst du bequem? Dann schließe doch jetzt langsam deine Augen und konzentriere dich auf deinen Puls. Spürst du, wie er immer gleichmäßiger wird, während du tief ein- und aus-, ein- und ausatmest? Die Luft ist warm und das Licht weich. Ein guter Ort, um von hier aus zu einer Traumreise aufzubrechen.

Vor deinem inneren Auge tut sich allmählich eine hübsche Parklandschaft auf. Der breite Weg, der die Baumallee durchzieht, ist nicht asphaltiert, sondern federt gut unter deinen Schritten. Es ist Spätherbst und die Bäume scheinen in den schönsten Tönen der gelb-orange-roten Farbpalette zu erblühen. Hörst und spürst du, wie das am Boden liegende Laub raschelt, als du immer weiter in den Park hineingehst? Nun bückst du dich, um ein Blatt aufzuheben. Es ist ein Ahornblatt, das fünfstrahlig gefiedert und gezackt im Sonnenlicht glänzt. Wenn du über seine Oberfläche streichst, kannst du die Blattadern unter deinen Fingern fühlen. An ihrem Verlauf erkennst du auch, wie sich das Blatt nach und nach von grün über gelb bis in ein rostfarbenes Orange verfärbt hat.

Während du noch so dastehst und es genauer betrachtest, beginnt ein aufkommender Wind, dir frisch um die Nase zu wehen. Zwar hat die Sonne noch einige Kraft und dir ist in deiner kuscheligen Jacke auch nicht kalt – doch ein gewisser kühler Unterton ist bereits zu spüren. Die leichte Brise hat genug Kraft, um weitere Blätter aus den Kronen der Bäume in der Allee zu schütteln. Wie an unsichtbaren Schnüren hinabgezogen schweben sie in gleichmäßigen Schwüngen immer weiter Richtung Boden herab, bevor sie sich weich an das schon vorhandene Laub schmiegen. Ob wohl schon einmal jemand gezählt hat, wie viele Blätter auf den Boden in diesem Bereich der Parkanlage passen und ob ein 10 000-Teile-Puzzle dafür ausreichen würde?

Bis jetzt hast du vor allem die Ahornbäume und die Blätter gesehen. Doch natürlich wird auch deinen Ohren einiges geboten. Das Rascheln im etwas entfernteren Gebüsch verrät, dass dort jemand sein muss. Eine Maus? Oder ein Kaninchen? Behutsam machst du einige Schritte in die entsprechende Richtung. Fast ist es, als würdest du schleichen – schließlich möchtest du das Tier nicht erschrecken. Dann bleibst du stehen und hältst für einen Moment die Luft an. Nichts soll dich verraten. Dafür hörst du dein Herz laut und deutlich vor Spannung schlagen. Da! Das Rascheln hört schlagartig auf, aber dafür wird ein puscheliger rotbrauner Schwanz und ebensolche befellte Ohrspitzen sichtbar.

Dann schaut dich schon ein kleines keckes Eichhörnchen mit seinen schwarzen Knopfaugen an. Offenbar ist es auf der Suche nach Eicheln, Bucheckern oder anderen Leckereien. Neugierig kommt es weiter auf dich zu, um zu erkennen, was für ein Wesen du wohl bist. Dabei zuckt es regelmäßig leicht mit der Nase, um die Gerüche aus der Umgebung aufzunehmen. Sicherlich kann es genau wie du den erdigen Duft des Laubes erschnuppern. Du bist fast ein bisschen überrascht, wie zutraulich es ist. Aber immerhin ist es ein Park-

Eichhörnchen und diese Tiere sind bekannt dafür, dass sie sich den Parkbesucher*innen bis auf wenige Zentimeter nähern.

Wie gut, dass du auf dem Weg hierher einige Haselnüsse gefunden und in deine Jackentasche gesteckt hast. Ob sich das Eichhörnchen wohl über eine Nuss freut? Nur wenige Meter entfernt steht eine Bank. Du beschließt, dich dorthin zu setzen und zu schauen, was passiert. Während du zu der Bank gehst, beobachtet dich das Eichhörnchen ganz genau. Dann setzt du dich und verhältst dich für einige Momente so ruhig wie möglich. Tatsächlich, es folgt dir und bleibt etwa einen Meter vor dir sitzen.

Ganz langsam und vorsichtig greifst du in deine Jackentasche. Nur nicht zu eilig, um es nicht zu erschrecken. Doch das Eichhörnchen hat nur Augen für dich und scheint dieses Spiel bereits zu kennen, weil es noch einige Schritte auf dich zukommt. Nun sitzt es direkt vor deinem Fuß und keckert dich leise, aber eindringlich an. Offensichtlich ist es davon überzeugt, dass du eine Leckerei dabeihast – es sieht fast so aus, als wollte es an deinem Bein wie an einem Baumstamm hochklettern und weiter oben nach dem Rechten sehen.

„So ein kleiner frecher Kerl!", denkst du lächelnd und streckst in Zeitlupe deine Hand mit der Nuss zur Seite aus. Sofort springt das Eichhörnchen mit einem eleganten Satz auf die Parkbank-Kante und schnuppert mit seiner Nase in Richtung der Nuss. Seine Begeisterung ist förmlich greifbar und verständlich. Schließlich schmecken Haselnüsse wirklich lecker, aromatisch und intensiv.

So genau weißt du gar nicht, wer aufgeregter ist – du oder der kleine Parkbewohner – als dir das Eichhörnchen die Nuss ganz behutsam aus den Fingern nimmt, um sie sich zwischen die Zähne zu klemmen. Eigentlich müsste es sich ja jetzt mit seiner Beute aus dem Staub machen. Aber nein, es bleibt auf der Kante sitzen, um die Nuss geschickt in seinen kleinen Pfoten zu wenden und die beste Stelle zum Knacken der Schale zu finden. Anschließend knuspert das Eichhörnchen die Haselnuss in aller Ruhe Schritt für Schritt auf.

Dabei wirkt es sehr vergnügt und offenbar fühlt es sich von dir auch gar nicht gestört. Ganz im Gegenteil: Nachdem es mit der einen Nuss fertig ist, kommt es sogar noch ein kleines Stückchen auf dich zu und scheint dich um weitere Nüsse zu bitten. Während es diese futtert, kannst du es in aller Ruhe beobachten: Sein dichter rotbrauner Pelz wirkt dick und flauschig und wird es während der kalten Nächte sicherlich sehr gut wärmen. Doch du widerstehst der Versuchung, es zu berühren. Immerhin ist das Eichhörnchen ja kein Haustier. Kann man fast gar nicht glauben, wenn man von schwarzen kleinen Knopfaugen so fröhlich angezwinkert wird!

Nachdem es mit der dritten Haselnuss fertig ist, nimmt es sich noch eine vierte und macht sich damit in zwei, drei schnellen Sprüngen auf den Rückweg in sein Nest. Und auch für dich ist dies ein gutes Stichwort, denn auch du reckst und streckst dich ein bisschen und machst dich langsam wieder auf den Weg ins Hier und Jetzt.

Die Ernte auf der Streuobstwiese

Nimm eine gemütliche Position ein, in der du deine Arme und Beine bequem ablegen kannst und strecke und ziehe deine Finger und Zehen einige Male wieder zusammen. Vielleicht machst du auch noch einige kleinere oder größere Kreise mit den Schultern, bis du spürst, dass sie wirklich entspannt sind. Schließe anschließend deine Augen und fühle dich in deinen Puls und in deine Atmung hinein. Atme bewusst ein und aus und spüre, wie auch dein Herzschlag immer gleichmäßiger wird.

Vor deinem inneren Auge tut sich nun allmählich eine

Tallandschaft auf. Es ist ein großes Tal mit leichtem Gefälle nach unten, durch dessen Mitte sich eine ziemlich breite und lange Streuobstwiese zieht. Über diese hinweg verteilen sich mehrere knorrige, große Apfelbäume, deren volle Äste sich unter der Last der goldenen bis goldroten Früchte nach unten beugen.

Da es Mitte September ist, scheint dir die Sonne noch angenehm warm auf dein Gesicht und deinen Nacken. Heiß ist sie jedoch schon nicht mehr. Und auch der Wind, der dir zwischendurch leicht durch die Haare weht, ist etwas kühl. Aber da du für deine Arbeit einen nicht zu dicken, dafür sehr gemütlichen Strickpullover trägst, ist dies alles kein Problem.

Für die Ernte stehen am oberen Zugang der Streuobstwiese gleich mehrere Weidenkörbe und einige Wannen bereit. Jemand hat sogar einen Apfelpflücker für dich bereitgelegt. Für die Früchte, die zwar noch relativ fest am Baum hängen, aber schon erntereif sind. Da du es nicht eilig hast, nimmst du dir die Zeit, um ein wenig über die Wiese zu laufen und dich umzusehen.

Es ist ein schöner Tag und die Sonne zaubert ein beeindruckendes Spiel aus Licht und Baumschatten auf die Wiese. Die Sonnenstrahlen schimmern golden durch das noch dunkelgrüne Laub der Bäume und es liegt ein verführerischer, leicht süßsäuerlicher Duft von frischen Äpfeln in der Luft. Zwischendurch hörst du das emsige Brummen und Summen von Insekten, die auf den noch verbliebenen

Wiesenblumen nach Pollen für ihren Honig suchen. Auch einige Wespen sind unterwegs, aber die haben vor allem ein Auge auf einige überreife Äpfel geworfen, die schon vom Baum gefallen sind und nun genascht werden wollen.

Du wirst vorsichtig sein müssen, wenn du das geeignete Fallobst in die Körbe sammeln willst. Aber das stellt für dich kein Problem dar, denn du bist im Apfel-Pflücken und -Sammeln geübt und weißt genau, worauf du achten musst. Deswegen würdest du auch keinen Apfel ohne gründliches Hinschauen greifen. Bevor es jedoch so weit ist und es wirklich losgeht, lenkt dich ein lautes, tiefes und ein wenig heiseres Geräusch ab.

Es ist das Muhen einer mittelgroßen, schwarzgrauen Kuh, die zusammen mit mehreren anderen Kühen am Rand der Streuobstwiese auf einer eigenen Weide steht. Sie schaut sehnsüchtig zu dir und den Apfelbäumen herüber und du erkennst, dass ein stabiler Zaun sie und die anderen von den verlockenden Früchten trennt.

Auf dem Weg nach oben zu den Materialien stattest du den Kühen einen kurzen Besuch ab. Zuerst weichen sie vorsichtig einen Schritt zurück; schließlich kennen sie dich ja noch nicht. Aber schon bald weicht ihre Zurückhaltung der Neugier und sie kommen Schritt für Schritt wieder dichter an den Zaun. Eine lässt sich sogar hinter den Ohren kraulen, nachdem sie vorsichtig deine Hand beschnuppert hat. Ihr Atem kommt fest, warm und stoßartig, ihr Fell ist kurz und fühlt sich glatt und drahtig an.

Sie scheint deine Streicheleinheiten tatsächlich sehr zu genießen, denn sie schließt für einen Moment die Augen und atmet ganz tief und gleichmäßig. Fast schade, dass du nicht nur zum Kühe-Streicheln gekommen bist, wo es so entspannend wirkt. Doch dann fällt dir ein, dass es ohne Muskeleinsatz keine gefüllten Apfelkörbe gibt – und dass die Kühe ebenfalls leer ausgehen würden.

Also machst du dich an die Arbeit und nimmst einen Korb mit zum obersten Baum. Um seinen Stamm gleichmäßig herum verteilt liegen wunderschöne Äpfel im weichen, sattgrünen Gras: Sie sind von einem dunklen Gelb und besitzen kleine rote Wangen. Du brauchst dich nur zu bücken und einen nach dem anderen in den Korb zu legen. Von der Größe her füllen sie deine Hand genau aus, sodass du sogar beidhändig sammeln kannst und die Arbeit schnell geht..

Dabei spürst du, wie knackig ihr Fruchtfleisch unter der festen, aber nicht zu dicken Schale ist. So, wie sie duften, sind es die perfekten Äpfel für fluffigen, dick mit Puderzucker bestäubte Pfannkuchen. Den wirst du dir nach der Arbeit auch sehr verdient haben. Zuerst einmal brauchst du allerdings einen weiteren Korb, den du schnell beschafft und ebenso schnell wieder gefüllt hast. Dann trägst du die beiden Behältnisse nach oben an den Ausgang der Streuobstwiese. Gar keine so leichte Sache! Du spürst genau, wie sich die Muskeln in deinen Armen anspannen, damit du die Körbe fest und sicher packen und tragen kannst. Es ist ein gutes Gefühl.

Für die Äpfel, die sich weiter oben auf dem Baum befinden, nutzt du den Apfelpflücker. Auch hierbei leisten dir deine Armmuskeln hervorragende Dienste und die bist selbst ein bisschen überrascht, wie schnell dir das Ganze von der Hand geht. So arbeitest du dich mit einigen Pausen von Baum zu Baum, bis all deine Körbe gefüllt sind. Eine ordentliche Menge, die da zusammengekommen ist! Freilich ist dir dabei ordentlich warm geworden, aber du bist auch zurecht sehr zufrieden mit deinem Werk. Krachend beißt du in einen der saftigen Äpfel und sein süßsäuerlicher Saft ist dir eine willkommene Erfrischung.

Ein lautes Muhen erinnert dich daran, dass du nicht das einzige Wesen mit Lust auf einen Apfel bist. Die Kühe warten noch auf dich und reißen dir die Früchte mit ihren muskulösen, aber sehr feinfühligen Zungen quasi aus der Hand. Dann kauen sie langsam auf ihnen herum und lassen sich von dir tätscheln, während die Sonne ganz langsam unterzugehen beginnt. Wenn das nicht das Stichwort ist: Auch du musst dich allmählich auf den Nachhauseweg machen ... reckst und streckst dich, lässt einige Male deine Schultern kreisen, öffnest vorsichtig wieder die Augen und nimmst die positive Energie vom Apfelpflücken mit ins Hier und Jetzt.

Der Sommer im Glas – frische Erdbeermarmelade

Hast du es gemütlich? Dann strecke dich doch zwei, drei Mal, drehe Kreise mit deinen Schultern und schließe die Augen. Dein Puls und deine Atmung werden immer ruhiger und langsamer, bis sie schließlich ganz gleichmäßig sind.

Stelle dir nun vor, wie du die ersten Schritte auf ein Erdbeerfeld zu machst. Es ist ein schöner Frühsommertag und die Sonne scheint dir warm aufs Gesicht und auf den Nacken.

Am Himmel kannst du kleine Schäfchenwolken sehen, die wie auf das Blau hingetuscht wirken. Der Boden unter deinen Füßen ist zunächst erdig und eher hart. Er wird aber immer weicher und verwandelt sich irgendwann in Stroh als du in die Reihen der Erdbeerpflanzen hineinläufst. Schließe für einen Moment die Augen. Riechst du, wie intensiv es nach den Früchten duftet? Und auch eine Spur von würziger Kamille ist dabei – denn am Rand des Feldes haben sich einige entsprechende Pflanzen ihren Platz gesucht.

Nach wenigen Momenten findest du eine geeignete Stelle zum Pflücken. Es ist leicht, die Erdbeeren hier zu sammeln, denn sie sind groß, fest und verteilen sich gleichmäßig über die Büsche. Probier einmal eine, dann merkst du gleich, wie süß und saftig sie sind! Der Sommer selbst könnte nicht besser schmecken – perfekt für selbstgemachte Erdbeermarmelade. Aber genau dafür sind sie ja auch gedacht. Schnell hast du einen großen Korb voll mit den herrlich rot leuchtenden Früchten geerntet und bist wieder auf dem Weg nach Hause.

Dort angekommen, nimmst du deinen Schatz beim Verlesen natürlich noch einmal genauer unter die Lupe. Weil du schlau bist, hast du die Erdbeeren natürlich mit ihren kleinen grünen Stielen und Häubchen geerntet, da sie auf diese Weise länger frisch bleiben. Doch für die Marmelade müssen diese nach dem vorsichtigen Waschen natürlich erst entfernt werden. Als du die ersten Früchte in ein Sieb gibst und sie mit Wasser befeuchtest, kannst du natürlich nicht widerstehen und musst gleich noch einmal zwei oder drei probieren. Aber Vorsicht! Wenn es so weitergeht, dann sind gleich keine für die Marmelade mehr übrig. WObei das schon verständlich ist – schließlich duften sie einfach zu gut.

Nachdem die Früchte gewaschen und ein wenig abgetrocknet sind, geht es ans Kleinschneiden und in eine Schüssel geben. Da du ziemlich geschickt bist, läuft es wie am Schnürchen: Eine Erdbeere nach der anderen verwandelt sich schnell in ebenmäßige, nicht zu große Stücke. Es machst Spaß, beim Sonnenlicht in der Küche zu sitzen und zu arbeiten. Aber es fehlt noch ein etwas: Musik! Also gehst du zum Radio in der Küche und schaltest es ein. Du hast Glück – gerade läuft deine Lieblingsmusik! Ihre Klänge erfüllen den Raum, während du dich wieder an die Arbeit machst und die Erdbeerstückchen in einen großen Topf umfüllst. Erinnerst du dich daran, wie dir ältere Leute immer genau erklärt haben, welchen Topf man dafür nehmen und in welche Richtung man gleichmäßig rühren muss? Und dass andere das genau umgekehrt beschrieben haben? Ob die Wahrheit wohl auch in der Mitte liegen könnte?

Im Gegensatz zu den Hobbyköch*innen scheinen sich die Erdbeerstückchen mit dieser Frage nicht groß zu beschäftigen. Sie haben es sich im Topf bequem gemacht, wo du sie mithilfe eines Kartoffelstampfers leicht zu Mus zerdrückst. Anschließend sorgt ein Spritzer frischer Zitronensaft sowohl dafür, dass die Farbe später kräftig rot bleibt als auch für eine angenehme Säure. Nun brauchst du alles nur gründlich miteinander zu vermengen und den bereits abgewogenen Zucker hinzuzufügen. Nur noch unterheben und der Kochvorgang kann losgehen.

Während sich die Marmelade langsam erwärmt und du sie zwischendurch vorsichtig umrührst, breitet sich allmählich ein wunderbar süßer Duft in der gesamten Küche aus. Du kannst die Marmelade auf dem frischen Brötchen bereits schmecken, aber natürlich will sie zunächst noch in Gläser gefüllt werden! Diese spülst du schnell heiß aus, bevor du sie auf einem Trockentuch bereitstellst, um die fruchtige Süßigkeit gleich einfüllen zu können.

Gleichzeitig muss die Marmelade natürlich zwischendurch umgerührt und der beim Kochvorgang entstehende Schaum mithilfe eines Schaumlöffels abgeschöpft werden. Gar keine so leichte Sache – und eigentlich bräuchtest du ein paar Hände mehr. Doch der Aufwand lohnt sich: Der Aufstrich kocht und wenig später zeigt sich bei der Gelierprobe, dass du alles richtig gemacht hast. Ob die Marmelade wohl genauso lecker ist wie die frischen Erdbeeren? Behutsam pustest du ein wenig, bevor du den kleinen Löffel mit der Marmelade zum Mund führst und probierst. So lecker, ein echter kleiner Sommertraum! Süß, fruchtig, mit einer kleinen Säurenote – einfach unglaublich gut. Und das Beste daran: Auch im Winter wird dich dieses Glas mit seinem roten Inhalt immer noch an diesen wunderschönen warmen Tag im Juni erinnern.

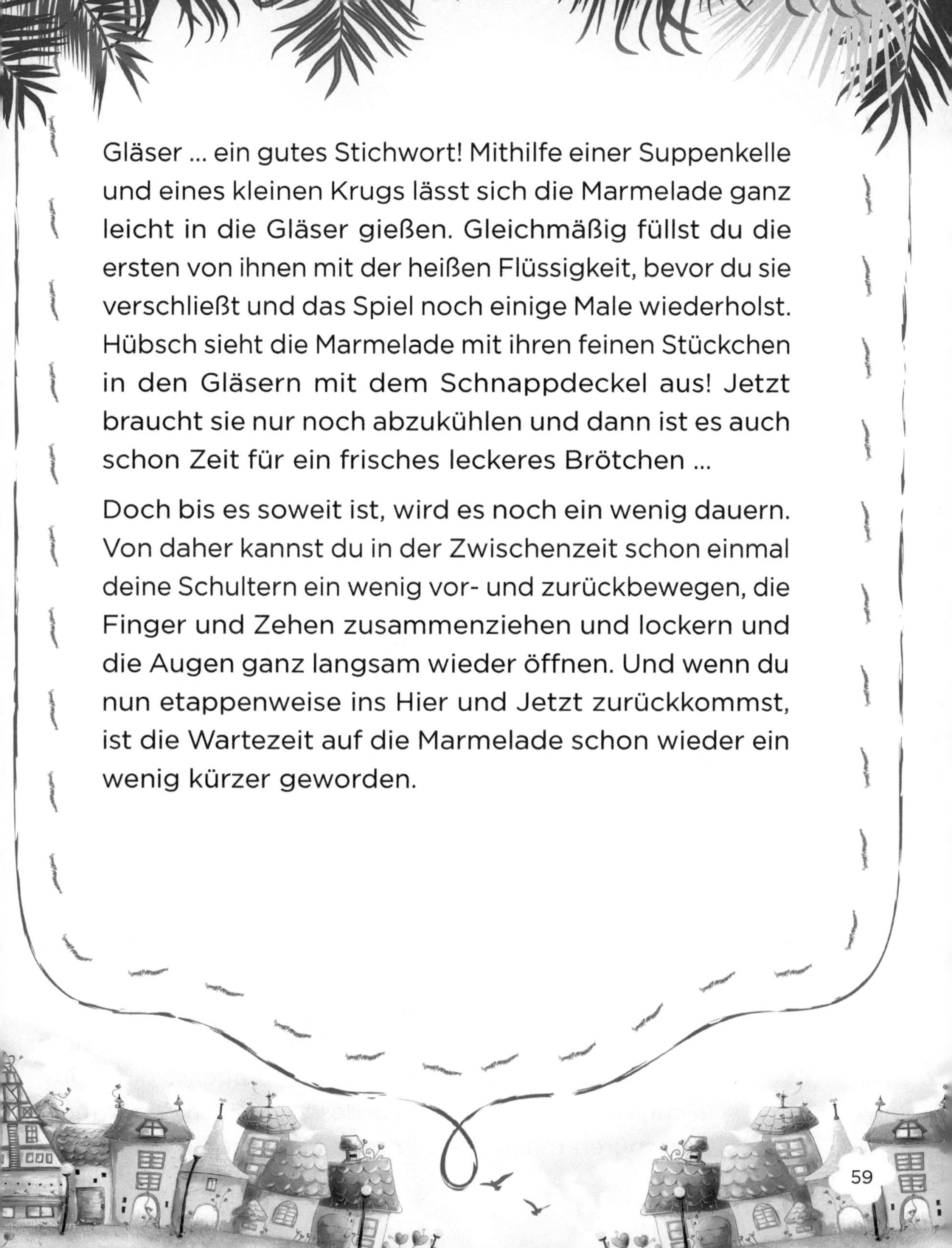

Gläser ... ein gutes Stichwort! Mithilfe einer Suppenkelle und eines kleinen Krugs lässt sich die Marmelade ganz leicht in die Gläser gießen. Gleichmäßig füllst du die ersten von ihnen mit der heißen Flüssigkeit, bevor du sie verschließt und das Spiel noch einige Male wiederholst. Hübsch sieht die Marmelade mit ihren feinen Stückchen in den Gläsern mit dem Schnappdeckel aus! Jetzt braucht sie nur noch abzukühlen und dann ist es auch schon Zeit für ein frisches leckeres Brötchen ...

Doch bis es soweit ist, wird es noch ein wenig dauern. Von daher kannst du in der Zwischenzeit schon einmal deine Schultern ein wenig vor- und zurückbewegen, die Finger und Zehen zusammenziehen und lockern und die Augen ganz langsam wieder öffnen. Und wenn du nun etappenweise ins Hier und Jetzt zurückkommst, ist die Wartezeit auf die Marmelade schon wieder ein wenig kürzer geworden.

Der Besuch in der Markthalle

Strecke dich aus, mache es dir bequem. Spürst du, wie deine Atmung immer gleichmäßiger und ruhiger wird? Ein angenehmer, fruchtiger Duft steigt dir in die Nase. Aus der Ferne hörst du fröhliche, sommerliche Musik. Bist du neugierig, was da los ist? Dann komm mit und lass uns gemeinsam nachschauen.

Du bist in einer schönen Stadt unterwegs, irgendwo im sonnigen Süden. Frühling liegt in der Luft, die Sonne schickt ihre Strahlen bis hinunter zu dir auf das Straßenpflaster. Jeder einzelne Kopfstein hat eine fast halbrunde Oberfläche. Du kannst diese Form durch deine Schuhe hindurch spüren. Deine Jacke brauchst du heute nicht, weil du die kühle Brise des Windes an den Armen spüren möchtest. Ein paar Menschen kommen dir entgegen, die sich fröhlich lachend miteinander unterhalten. Jetzt kannst du die Musik immer deutlicher hören. Kommt sie dir spanisch vor? Sie scheint von dort vorne zu kommen, aus der großen Halle, die dich irgendwie an einen Bahnhof erinnert. Die Seitenwand dieser Halle ist offen, sodass du zwischen den Säulen hindurchschauen kannst. Atme einmal tief ein! Der Duft von frischem Obst und Gemüse dringt dir in die Nase. In der Halle haben viele Händler ihre Marktstände aufgebaut. Du hast genau die richtige Zeit gewählt, denn gerade sind nicht so viele Besucher da. So kannst du dir alles viel genauer anschauen.

Jetzt bist du direkt vor der Halle angekommen, wo eine fröhliche Gruppe aus drei Musikern noch immer ihr Lied spielt. Ein Mann spielt Panflöte, ein zweiter auf der Gitarre und der dritte Musiker schlägt mit der rechten Hand auf eine kleine Trommel mit klimpernden Schellen, die er in seiner linken Hand hält.

Ein junges Pärchen ist so begeistert, dass es spontan zu tanzen beginnt. Schau mal, wie sich die Frau strahlend vor ihrem Partner dreht! Ihr weißes Kleid mit den großen, schwarzen Punkten fliegt auf und gibt einen kurzen Blick auf ihre schönen Beine frei. Ob dieses Pärchen wohl auf Hochzeitsreise ist? Ein paar andere Menschen applaudieren. Möchtest du dich ihnen anschließen?

Der erste Händler am Rande der Markthalle hat dich schon entdeckt und begrüßt dich mit einer höflichen Verbeugung. Auch bei ihm duftet es wunderbar nach frischen Früchten. Er hat eine Art Bar aufgebaut und bietet frischgepresste Fruchtsäfte an. In großen Glasbehältern kannst du den bunten Saft bestaunen. Läuft dir schon das Wasser im Mund zusammen? Der

Händler drückt dir bereits einen Becher mit Saft in die Hand. Er fühlt sich angenehm kühl an. Im Deckel steckt ein Strohhalm, damit du den Saft noch einfacher trinken kannst. Nimm ihn einfach mit und setze deinen Bummel fort.

Den nächsten Stand konntest du schon von der Saftbar aus riechen. Hier gibt es jede Menge Kräuter. Einige sind frisch, andere hat die Marktfrau getrocknet. Der Stand ist so üppig beladen, dass du die kleine Frau erst auf den zweiten Blick sehen kannst. Sie trägt ein grünes Kopftuch, aus dem ihr einige schwarze Haare in die Stirn fallen. Auch sie freut sich, dich zu sehen und winkt dich mit ausladenden Handbewegungen an ihren Stand. Sie ruft irgendetwas in einer fremden Sprache, was du nicht verstehen kannst. Aber das macht gar nichts, denn ihre Ware kann sie dir auch so zeigen. Aus einem großen Weidekorb nimmt sie einen Zweig eines getrockneten Gewürzes. Die kleinen Blätter sind noch am trockenen Stängel zu erkennen. Die Marktfrau nimmt deine rechte Hand, dreht die Handfläche vorsichtig nach oben und legt dir lächelnd den duftenden Stängel hinein. Wieder sagt sie etwas in ihrer Sprache zu dir. Sie ist richtig stolz auf ihre Ware, das ist ganz deutlich zu spüren. Aber es gibt ja noch viel zu entdecken – und der nächste Händler wartet auch schon auf dich. Ein paar Worte wechselt er mit der Kräuterfrau, dann nimmt er dich

sanft beim linken Unterarm, um dich an seinen eigenen
Stand zu leiten. Hast du schon einmal so viele Sorten Obst
auf einmal gesehen? Und wie das wieder duftet! Bananen,
Orangen, Zitronen, Erdbeeren, Kiwis, Kirschen und jede
Menge exotische Früchte, die du noch nie gesehen hast.
Streiche einmal mit der Hand über die Kiwi-Schale. Spürst
du, wie rau und gleichzeitig weich sie sich anfühlt? Hier
musst du unbedingt noch einmal vorbeikommen.

Aber schau mal dort vorne! Die junge Frau im weißen
Kleid mit den schwarzen Punkten winkt dich wieder aus
der Markthalle heraus, wo die Musiker gerade eine Pause
einlegen. Auch die junge Frau spricht in der fremden Sprache
aber du kannst aus ihren Bewegungen lesen, dass du dir
ein Lied wünschen darfst. Auch die drei Musiker blicken
dich lächelnd an.

Im Klang deiner liebsten Melodie beendest du nun deine
Traumreise. Atme noch einmal den Duft des turbulenten
Marktes ein, spüre noch einmal die warmen Sonnenstrahlen,
die dein Gesicht sanft streicheln, lass dich noch einmal
vom frischen Windhauch berühren und öffne dann deine
Augen. Nimm den bunten, fröhlichen Markt während der
nächsten Stunden mit und lasse dich immer wieder von
dieser Fröhlichkeit anstecken.

Die Pferdeschlittenfahrt

In aller Ruhe machst du es dir bequem und legst deine Arme und Beine sowie deinen Kopf in einer gemütlichen Position ab. Strecke und räkele dich einige Male, schließe die Augen und horche in deinen immer gleichmäßiger werdenden Herzschlag hinein. Auch deine Atmung beruhigt sich immer weiter. Bleibe einige Momente so sitzen oder liegen und lasse vor deinem inneren Auge eine Landschaft erstehen.

Du befindest dich vor einem kleinen Haus inmitten eines besonderen Ortes. Es ist ein eisig kalter Wintertag und wenn du kräftig ausatmest, siehst du deinen Atem dampfend in die Luft steigen. Ein kuscheliger Wintermantel bedeckt deine Arme und deinen Oberkörper, ja er reicht dir sogar bis zu den Knien. Darunter trägst du eine warme Hose und gemütliche, feste Winterschuhe, die dir bis über die Knöchel reichen. Auch deine gestrickten Norwegersocken aus heller Wolle, der dicke Schal um deinen Hals und die dir über die Ohren reichende Mütze sorgen dafür, dass dir nicht so schnell kalt werden wird. In deinen behandschuhten Händen hältst du zudem einen Rucksack mit einer Thermoskanne heißen Tees und einigen knusprigen Plätzchen. Dein Proviant für die nun gleich startende Schlittenfahrt …

Du entfernst dich über den frei geschippten Weg einige Schritte weit vom Haus und gehst langsam auf das Gartentor, das direkt zum Bürgersteig führt, zu. Wie hoch der Schnee im Garten und überhaupt in dem kleinen Ort liegt! Wie eine dicke, weiße Decke, die aus unzähligen unterschiedlichen Kristallen besteht. Egal, wie sehr sich ein*e Maler*in bei ihrer Ausgestaltung Mühe geben würde – es könnten doch nicht alle Formen abgebildet werden, welche die Natur immer schon entworfen hat.

An der Straßenkante angekommen, schaust du dich um – und da kommt auch schon dein Gefährt für den heutigen Ausflug. Es ist ein nicht zu großer, aber mit weichen Fellen und Decken ausgelegter Pferdeschlitten. Er wird von zwei eher kleinen, aber kräftigen mittelbraunen Kaltblutpferden gezogen. Gemächlich trotten sie voran und schütteln ab und an ihre dunkle

Mähne und den ebensolchen Schweif, wenn sie sich von der einen oder anderen herabfallenden Schneeflocke gekitzelt fühlen.

Der Kutscher, ebenso warm angezogen wie du, winkt dir zur Begrüßung zu und lässt die beiden Pferde dicht vor dir anhalten. Du kletterst in die Kutsche und kuschelst dich in eine der Decken ein. Nachdem du es dir gemütlich gemacht hast, setzt ihr die Fahrt fort. Sie führt euch durch die verschneiten Straßen, an deren Rändern sich der Schnee stellenweise zu richtigen kleinen Mauern auftürmt. Da es ein kalter, aber vergleichsweise klarer Tag mit ein wenig Sonne ist, siehst du den Schnee stellenweise richtig glitzern und blinken. Ein Wohnort, wie er einer echten Schneekönigin so richtig gut gefallen könnte!

Doch wenngleich das kleine Dorf wunderschön aussieht, ist ansonsten niemand auf der Straße zu sehen. Offenbar sind die Erwachsenen alle in ihren Häusern, deren Schornsteine rauchen. Fast mucksmäuschenstill ist es, wenn du von dem gleichmäßigen, aber ebenfalls gedämpften Geräusch der Pferdehufe auf dem Schnee absiehst. Sogar die Kufen des Schlittens gleiten nahezu lautlos über den kalten Grund.

Die Fahrt führt dich aus dem Ort heraus und ein Stück weit an ebenfalls stark verschneiten Wiesen und Feldern vorbei. Wie ruhig das Land im Winter liegen kann! Kein Tier ist zu sehen; sicherlich haben sich die Mäuse in ihren Nestern eingekuschelt. Und auch Fuchs, Reh und Hase sind wohl gerade nicht unterwegs. Zumindest entdeckst du auf dem Weg, den dein Schlitten nimmt, keine entsprechenden Spuren.

Dafür aber andere Spuren: Hier muss vor nicht allzu langer Zeit eine Gruppe von Kindern entlanggelaufen sein – die Abdrücke ihrer kleinen Schuhe sind gut neben den langgezogenen Spuren ihrer Schlitten zu erkennen. Ob sie wohl auf dem Weg zum kleinen See waren, der nun wohl gründlich eingefroren dicht vor dem nun stillen Wald liegt? Bis dahin ist es noch ein Stückchen mit dem Schlitten und gerade als du dich noch etwas tiefer in die weiche Decke schmiegen willst, fallen dir der heiße Tee und die knusprigen Plätzchen wieder ein.

Zeit für eine kleine Stärkung! Der Tee tut dir mit seiner wohligen Temperatur und seinem milden Kräuteraroma sehr gut. Du spürst, wie er erst deine Hände und dann auch deinen Mund und deine Kehle wärmt. Passend dazu gibt es frische Zitronenplätzchen, die wunderbar dazu passen und dich mit ihrem leicht süßsäuerlichen Aroma an der Zunge kitzeln. Das Schnauben der Pferde bringt dich mit deinen Gedanken wieder auf den Rundweg zurück, der fast direkt am Waldsee vorbeiführt.

Wie du bereits vermutet hast, sind die ganzen Kinder hier gelandet. Mit ihren dicken bunten Schneeanzügen, -hosen und -jacken und ihren Wollmützen sehen sie beim Schlittschuh-Laufen wie vergnügte kleine Wichtel aus. Ihr spitzes helles Lachen, wenn sie überraschend eine ganz schön scharfe Kurve erfolgreich genommen haben, breitet sich in der Stille aus. Ab und an scheint es aber nicht zu klappen – dann verwandelt sich ihr Lachen in einen kurzen überraschten Aufschrei, bevor sie sich platt auf der eisigen Fläche wiederfinden.

Auch du erinnerst dich noch hervorragend daran, wie knackig Eis bremst und wie hart es sich unter dem Hintern oder den Knien anfühlt. Aber da heißt es dann „feststellen, ob etwas passiert ist, ein bisschen Schnee von der Kleidung herunter klopfen und wieder ab auf die Schlittschuhe". Und wenngleich das Treiben auf dem See doch recht trubelig erscheint, ist es ein angenehmes Bild.

Eine Weile noch schaust du den Mädchen und Jungen auf dem Eis zu, bevor sich die Pferde wieder langsam in Bewegung setzen und den Schlitten durch den Schnee die weitere Runde entlang ziehen. Erneut zupfst du die Decke, in die du eingekuschelt bist, ein wenig zurecht. Dann schließt du genüsslich die Augen, um auf das gleichmäßige Geräusch der Pferdehufe im Schnee zu hören ...

Und wenn du dich nun ein wenig reckst, die Füße und Hände zusammenziehst und wieder streckst und langsam die Augen öffnest, findest du dich am Ende der Schlittenfahrt im Hier und Jetzt wieder. Fast schade, oder? Aber dafür nimmst du das frische Gefühl der kalten Winterluft, das köstliche Aroma des Tees und die gute Laune der spielenden Kinder mit in deinen Tag!

Plätzchen backen

Begib dich in eine bequeme Position und schließe deine Augen. Atme tief ein und aus, ein und aus. Fühlst du, wie deine Füße und Hände, Beine und Arme angenehm locker werden und wie sich auch dein Pulsschlag immer weiter entspannt? Bleibe einige Momente ruhig so sitzen oder liegen und genieße das angenehme Licht und die warme Luft.

Nun siehst du eine gemütliche Küche. Sie ist mit hellen Möbeln eingerichtet und hat einen großen Backofen, einen ebensolchen Kühlschrank, mehrere Schränke und eine gleichermaßen lange wie breite Arbeitsfläche. Sorgfältige Hände haben dir bereits eine Vielzahl an Zutaten, Zubehör und eine Küchenwaage bereitgestellt. Es ist also schon alles vorbereitet und du kannst quasi direkt mit dem Backen der Ochsenaugen beginnen!

„Trotzdem, etwas Wichtiges fehlt noch!", denkst du, während du dich in der Küche umschaust. Und tatsächlich – es ist ja ganz still. Ein Umstand, der nicht so recht zur Weihnachtsbäckerei passen will. Am anderen Ende der Küche entdeckst du im Regal ein Radio, das sich per Knopfdruck einschalten lässt. Nur wenige Sekunden später ertönen getragene, instrumentale Klänge – gespielt von einem zahlenmäßig recht groß besetzten Orchester. Für einen Moment schließt du die Augen und folgst der Musik, die inzwischen fröhlich und beschwingt klingt. Genau passend zur Herstellung von süßem Naschwerk.

Du begibt dich zur Küchenarbeitsplatte zurück und beginnst, die Zutaten abzumessen und jeweils separat in kleine Schüsseln zu füllen. Danach siebst du Mehl und Backpulver in eine Schüssel und vermengst sie vorsichtig darin. Es folgen einige Butterflocken, bevor auch Zucker, Vanillezucker und ein Ei hinzukommen. Während du alles vorsichtig mit deinen Händen zu einem geschmeidigen Teig verknetest, breitet sich bereits ein leicht süßer Duft von Vanille aus. Wie gut wird es erst riechen, wenn die Plätzchen fertig sind?

Nachdem du den Teig gründlich durchgeknetet, sorgsam in Frischhaltefolie geschlagen und in den Kühlschrank gelegt hast,

hast du einen Moment Zeit. Eine gute Gelegenheit, den Brombeer-Gelee zu probieren, den du nachher für die Füllung der Ochsenaugen nutzen möchtest. Das Glas mit Schnappdeckelverschluss lächelt dich bereits an und sein Inhalt leuchtet dir dekorativ dunkelviolett entgegen. Eine geschickte Handbewegung später springt der Deckel mit einem lauten Knacken auf. Langsam nähert sich deine Nase dem Glas. Ein fruchtig-warmer und gleichzeitig leicht säuerlicher Geruch nach Beeren kommt dir entgegen. Er erinnert dich an die heißen Sommertage, an denen du dir am Feld- oder Waldrand beim Pflücken der wild wachsenden Früchte so manches Mal die Arme, Hände und Beine an den Dornen der Büsche zerkratzt hast ...

Eine kleine Kostprobe per Löffel bestätigt dich in der Annahme, dass der Gelee mit seiner dezenten Säure toll zu den butterig-deftigen Plätzchen mit der süßen Marzipan-Kruste passen wird.

Nachdem der Teig genug gekühlt ist, kannst du ihn wieder aus dem Kühlschrank nehmen und mithilfe eines leicht bemehlten Nudelholzes ausrollen. Spürst du, dass dafür nur ganz wenig Kraft nötig ist? Dafür braucht es ein wenig Gefühl und Konzentration, damit die Teigschicht an allen Enden und Ecken gleichmäßig dick wird. Während du dich dem Teig widmest, spielt das Orchester im Radio eine etwas tiefere, ruhige Weihnachtsmusik. Ihr Klang erfüllt die Küche mit einer gemütlichen Atmosphäre und sorgt für eine beschwingte Stimmung, als du zum runden Ausstechförmchen mit Wellenrand greifst und aus dem Teig Kreise ausstichst.

Als du damit fertig bist, legst du Backpapier auf ein Backblech und setzt die Teigkreise mit ein wenig Abstand ganz vorsichtig auf das Blech. Anschließend kümmerst du dich um die Spritzmasse für den Ochsenaugenring: Hierfür schneidest du Marzipan möglichst klein – eine ganz schön klebrige Angelegenheit, was? – und trennst ein Ei. Mit ein wenig Geschick lässt du das Eigelb von einer Schalenhälfte in die andere gleiten und gibst das Eiweiß in eine, und das Eigelb in eine andere Schüssel. Nun kommt das Marzipan zum Eiweiß und dann heißt es, die Masse mit einem Rührbesen mit kurzen, kräftigen Handbewegungen zu mischen, bis sie geschmeidig ist.

Geschafft – auch, wenn dein Handgelenk allmählich nicht mehr so gern möchte. Doch was tut man nicht alles für lockere und saftige Ochsenaugen.

Nun kommt die Masse in eine Spritztülle, die das ringförmige Aufbringen auf die Teigkreise ziemlich einfach macht. Anfangs musst du noch ein wenig an der Gleichmäßigkeit arbeiten. Aber je öfter du es probierst, desto besser gelingen dir die Ringe und schon bald kannst du dich darüber freuen, dass sie genauso wie beim Konditor um die Ecke aussehen. Und dass sie sogar fast genauso schmecken, weißt du deshalb, weil du natürlich ein wenig von der leicht schaumigen, nussig-süßen Masse probiert hast. Denn nichts geht über das mehr oder weniger heimliche Naschen und Probieren beim Plätzchen-Backen – das ist doch ganz klar.

Nachdem die Ring-Masse ein wenig angetrocknet ist, brauchst du den freien Platz in der Mitte nur noch mit ein wenig Brombeer-Gelee auszufüllen. Der dunkle Fruchtspiegel bildet optisch einen schönen Kontrast zu den hellen Ringen. Sehr zufrieden mit deinem Werk schiebst du das Backblech in den heißen Ofen – jetzt heißt es einige lange Minuten warten, bis die Ochsenaugen fertig sind. Der Duft, der in der Zwischenzeit aus dem Backofen dringt, lässt dir das Wasser im Mund zusammenlaufen.

Und dann ist es auch schon so weit! Vorsichtig und mit dicken weichen Backhandschuhen bekleidet, öffnest du die Klappe und holst das heiße Blech heraus. Mehr als ein Dutzend Ochsenaugen lachen dich mit einer leicht goldbraun-gebräunten Oberfläche an. Du kannst es kaum erwarten, bis sie ein wenig abgekühlt sind und du das erste Plätzen probieren kannst. Der Geschmack und die Konsistenz sind überwältigend: Ein krosser Boden, dazu der fruchtige Gelee und der saftige, am Rand leicht knusprige Rand – kann es etwas Besseres geben?

Bestimmt nicht … also beschließt du, dir ein weiteres Ochsenauge zu nehmen und es in aller Ruhe auf der gemütlichen Küchenbank zu naschen. Danach reckst und streckst du dich ein wenig und kommst langsam wieder im Hier und Jetzt an. Aber das warme heimelige Gefühl aus der Küche und den leckeren Plätzchengeschmack nimmst du natürlich mit!

Ein Tag im Paradiesgarten

Mache es dir gemütlich und dehne deine Finger und Zehen ein wenig. Dann lasse deine Schultern für einen Moment kreisen und schließe die Augen. Sobald du nun in dich hineinhorchst, hörst du dein Herz immer gleichmäßiger schlagen. Auch deine Atmung passt sich deinem entspannten Körpergefühl an, wird tief und ruhig. Bist du bereit für die ersten Schritte in deiner neuen Traumgeschichte? Dann los!

Du befindest dich auf einem Weg, der auf ein weißes Holztor zu führt. Er ist leicht geschottert und du spürst den Kies unter deinen Füßen knirschen, während du auf das Tor zugehst. Es ist sehr hoch und mit kunstvollen Tier- und Pflanzenmotiven versehen. Hinter dem Tor, durch das du ein wenig durchschauen kannst, lässt sich eine Dschungellandschaft erkennen. Ob es sich öffnen lässt? Du greifst nach der Klinke, welche die Form einer länglichen Muschel besitzt und drückst sie mit festem Griff hinunter. Der Mechanismus des Tores gibt nach und schnappt auf. Fast lautlos gleitet die doch recht schwere Tür zur Seite und gibt den Blick auf die Landschaft frei.

Vor dir siehst du tatsächlich einen Regenwald: Schon auf den ersten Blick entdeckst du eine Unmenge an Bäumen und Büschen, die unterschiedlich hoch gewachsen sind und dadurch eine Art „Etagenlandschaft" erzeugen. Was dich dort wohl erwarten wird? Langsam gehst du weiter und bemerkst, wie sich der Boden immer weiter zu einem nachgiebigen Wald- und Wiesenboden verändert. Als du an der Baumkante angekommen bist, schiebst du vorsichtig die fiedrigen Blätter eines Farns beiseite, um dir einen besseren Überblick zu verschaffen.

Du schaust in eine Waldlandschaft, die von der warm scheinenden Sonne durchflutet wird. Diese zaubert wundervolle Licht- und Schattenspiele auf den Waldboden. Dabei geben sich sowohl ganz lange und schlanke als auch breite gerippte und viele andere Blättersorten die Ehre. Die Luft ist klar und wird von einem geschäftigen Zwitschern und Rufen erfüllt. Schließe für einen Moment die Augen und lausche der Geräuschkulisse. Was für Tiere kannst du unterscheiden? Paradiesvögel singen hell und schnell ihre unterschiedlichen Melodien, während die Papageien durch ihr lautes Gekrächze auffallen. Zwischendurch scheinen auch einige kleinere Affen aufgeregt zu rufen. Vielleicht hat einer aus ihrer Gruppe einen Baum mit reifen Früchten entdeckt und möchte nun die anderen dazu holen und sie müssen erst herausfinden, wo er steckt?

So oder so herrscht eine friedvolle Atmosphäre, welche dich dazu beflügelt, tiefer in den Dschungel vorzudringen. Nach wenigen Metern bleibst du jedoch bereits wieder stehen, um eine kräftige Liane zu bewundern, die sich geschmeidig an einem Baum hinauf rankt. In regelmäßigen Abständen hat sie große, gelb-orangefarbene Trompetenblüten hervorgebracht. Sie sind wunderschön und strömen einen dezenten Duft nach Vanille aus, der dich dichter an sie heranlockt. Gerade, als du deine Nase dicht an eine der zarten Blüten halten möchtest, um den Geruch noch besser aufnehmen zu können, dringt ein tiefes Brummen an dein Ohr.

Es ist nicht einmal laut, aber gut wahrnehmbar. Ein wenig überrascht drehst du den Kopf zur Seite und stellst fest, dass ein kleiner im Sonnenlicht wie ein Edelstein blinkender Vogel neben dir schwebt. Ein Kolibri, den sein kräftiger Flügelschlag in der Luft hält und der an „deiner" Blüte gerne ein wenig Nektar tanken möchte. Nachdem du ihm Platz gemacht hast, kannst du beobachten, wie geschickt er seinen langen Schnabel und seine feine Zunge als Trinkhalm nutzt und wie er nach und nach alle Blüten der Liane besucht.

Dabei fällt dir auf, dass auch du ein wenig Hunger hast. Du schaust dich um und entdeckst einige Meter weiter einen Busch, der voll mit dunkelblauen, ein wenig wie Brombeeren anmutenden Beeren, ist. Traust du dich, sie zu probieren? Das Pflücken geht auf jeden Fall sehr leicht, denn der Busch hat keine Dornen oder Stacheln und die Früchte sind vergleichsweise groß. Auch schmecken sie in der Tat ein wenig nach Brombeeren: leicht süßsäuerlich, dabei sehr aromatisch und durch ihre Saftigkeit sehr erfrischend.

Sobald du satt bist, ziehst du noch ein wenig weiter und gelangst an einen kleinen See, der von einem Wasserfall gespeist wird. So in etwa muss das Paradies aussehen, denkst du, bevor sich deine Augen weiten: Von der gegenüberliegenden Seite her kommt eine große gefleckte Wildkatze gemächlich angetrottet. Sie hat dich nicht bemerkt und fühlt sich offensichtlich ganz sicher und ungestört. Nicht einmal die Affen, die sich in den Bäumen um den See herum versammelt haben, und nun etwas empört schimpfen, scheinen sie zu stören.

Freilich hältst auch du dich nun ein wenig im Hintergrund – aber nicht, weil du Angst vor ihr hast, sondern weil du sie nicht beim Trinken stören möchtest. Dafür hast du nun die Gelegenheit, das Spiel ihrer kräftigen, aber geschmeidigen Muskeln unter dem weichen, gleichmäßigen Fell zu beobachten, während sie sich zum Trinken herabbeugt. Auch ihre raue Zunge, an der die Perlen des klaren, kühlen Wassers quasi kleben bleiben, ist gut zu sehen. Fast ein bisschen überraschend, denn im Spiel des Sonnenlichts mit Licht und Schatten löst sich die große Katze durch ihr Tupfen-Muster fast selbst auf und wird zu einem fantastischen Schatten.

Als sie genug getrunken hat, schaut sie genau in deine Richtung und scheint dir zweimal ganz entspannt zuzuzwinkern, bevor sie sich langsam wieder in den Dschungel zurückzieht.

Dafür können es die Affen kaum abwarten, bis sie den See und den Wasserfall endlich wieder für sich und ihre ausgelassenen Spiele haben. Zunächst muss natürlich einer von ihnen überprüfen, ob die Luft auch wirklich rein ist. Doch dann machen sie sich einen großen Spaß daraus, aus den Bäumen in das Wasser zu springen und dort herumzutollen. Insbesondere die Kleinen sind vollkommen begeistert und wollen gar kein Ende finden, was du an ihren aufgeregten, aber freundlichen Rufen erkennst. Ab und an spritzt das Wasser sogar so weit, dass es dich an Gesicht und Händen trifft. Ein schönes und sehr erfrischendes Gefühl!

Plötzlich hörst du einen Vogel laut und wiederholend rufen. Was er wohl möchte? Du hörst genauer hin ... Ah, er möchte, dass du langsam wieder wach wirst, um dir im Hier und Jetzt einen ebenso angenehmen und erfüllten Tag zu machen!

Die Bergwanderung

Schließe deine Augen und suche dir eine Position, in der du deine Arme, Beine und deinen restlichen Körper bequem platzieren kannst. Wenn du nun gleichmäßig und tief ein- und ausatmest, beruhigen sich dein Herzschlag und deine Atmung und du wirst immer entspannter. Sobald dich eine angenehme Schwere erfasst und auch dein Geist zur Ruhe gekommen ist, bist du bereit für die die nun folgende Bergwanderung.

Vor deinem inneren Auge erscheint ein Berg. Der Berg, an dem du heute bis zum Gipfel hinauf wandern möchtest, um von dort aus das grandiose Alpenpanorama zu betrachten.

Es ist ein schöner Tag im Frühsommer und wenngleich die Sonne deinen Nacken und dein Gesicht wärmend mit ihren Strahlen kitzelt, ist es noch nicht zu warm. Perfekt für eine Wanderung mit festem Schuhwerk, das sich angenehm eng und stabil um deine Füße und Knöchel schmiegt. Dazu hast du einen Rucksack dabei, in dem du dein Mittagessen und das für eine Wanderung in den Bergen ansonsten wichtige Zubehör mit dir trägst.

Aktuell befindest du dich an einer Bergstelle, die dich durch eine kleine Gruppe von Latschenkiefern führt. Du setzt deine Füße bedächtig, um nicht über die auf der harten Erdoberfläche liegenden Wurzeln zu stolpern. Gleichzeitig duftet es vollmundig und würzig nach Holz und nach Tannennadeln. Auch wirft die Sonne durch die Bäume ein schönes Spiel von Licht und Schatten auf den vor dir liegenden Weg. Wohl und frei fühlst du dich. Es gibt keinen Grund zur Eile und in der frischen, sauberen Bergluft kannst du richtig durchatmen und einfach für einen Moment dein Sein genießen.

Als du weitergehst, erkennst du, dass das nun folgende Wegstück in weitgeschwungenen Serpentinen immer weiter nach oben führt. Ab hier ist der Berg nicht mehr so stark bewachsen, wenngleich mit etwas mehr Abstand immer noch einige Latschenkiefern zu sehen sind. Ein lautes und hartes „Kjärrr" ertönt, bevor es einen Moment ruhig bleibt und der Laut mehrfach wiederholt wird. Wer wohl dieses Geräusch gemacht hat? Du zückst dein Fernglas und schaust dich gründlich um. Nichts zu sehen. Oder doch? Da! In einiger Entfernung entdeckst du einen braun-weiß gesprenkelten Vogel, der auf einem Kiefernast wippt. Es ist ein Tannenhäher, der die Landschaft aufmerksam beobachtet, und dann noch einmal ruft. Vielleicht ja seinen Partner?

Du schreitest festen, aber ruhigen Schrittes weiter voran und stellst fest, dass nun Steine und kurzes Gras das landschaftliche Bild bestimmen, bis du um eine Bergkurve biegst und sich vor deinen Augen ein prachtvoller Alpenrosenteppich am Berg entfaltet. Knallpink strahlen die üppigen Blüten in der Morgensonne und bilden einen wunderbaren Kontrast zu den dunkelgrünen Büschen und dem hellen Blau des Himmels. Sie geben einen leicht würzigen, ein wenig an Honig erinnernden Duft ab und werden mit Begeisterung von einigen Bienen angeflogen. Ob du wohl auch einmal in den Genuss kommst, Alpenrosen-Honig zu probieren?

So oder so ist das Panorama von dieser Stelle am Berg aus bereits beeindruckend – und du bist noch nicht einmal oben auf dem Gipfel. Doch schon jetzt blickst du auf eine ganze Reihe von anderen Bergen, die nahezu halbkreisförmig das in der Mitte befindliche Tal einschließen. An ihren Hängen bewegen sich kleine Punkte – wahrscheinlich Kühe, die dort ganz in der Nähe der Almen weiden. Und unten, wo sich im Tal der kleine Ort befindet, sticht der Kirchturm mit der läutenden Glocke aus dem Häusermeer heraus. Eine echte Bilderbuchlandschaft, wie sie sich zahlreiche Malerinnen und Maler nicht besser ersinnen könnten.

Der Weg steigt nun etwas steiler an und wird etwas steiniger. Du musst dich nun also wieder gut konzentrieren und auf den Boden achten. Dabei fällt dein Blick auf etwas, was sich in den Alpenrosenbüschen dicht am Wegesrand zu bewegen scheint. Ein kleiner feucht-glänzender Drachen? Da du genug Zeit hast, bleibst du stehen und bückst dich etwas, um den Mini-Wanderer genauer zu erkennen. Er tut dir den Gefallen, ein Stückchen weit heraus zu kommen und vorsichtig auf den Weg zu schauen. Es ist ein Alpensalamander, der wohl auf der Suche nach einem besseren Versteck vor der Sonne ist. Eine echte Überraschung, dass er gerade jetzt hier unterwegs ist! Immerhin mögen Salamander ja eigentlich lieber feuchtes Wetter.

Bei diesem Exemplar hingegen muss es sich wohl um einen echten Sonnenliebhaber handeln; er kommt nämlich einige kleine Schritte auf den Weg getapst. Seine Haut ist schwarzglänzend, sein Körper ebenso rundlich-gerippt wie sein Schwanz. Das Schönste an ihm sind aber seine großen, seitlich am Kopf sitzenden Augen, die ihm ein sehr freundliches Aussehen verleihen. Er hat es nicht besonders eilig. Nichtsdestotrotz merkst du, dass du ihm nicht so ganz geheuer bist– der Salamander bewegt sich nun etwas schneller und verschwindet in den nächsten Büschen.

Auch du setzt deinen Weg fort und gelangst an eine etwas schmalere, felsigere Stelle. Deren Überwindung ist jedoch kein Problem: Es gibt schließlich ein Stahlseil, an dem du dich festhalten kannst. Außerdem bist du ziemlich trittsicher und das ausgeprägte Profil deiner Schuhsohlen verleiht dir einen zusätzlichen Halt. Kurz danach kommt schon der Gipfel mit dem Gipfelkreuz in Sichtweite. Es befindet sich auf einer kleinen Art Plateau, auf dem auch eine Bank einladend auf dich wartet.

Der perfekte Ort für einen Pausenhappen, den du dir redlich verdient hast: Du machst es dir auf der Bank gemütlich, lässt dir den leichten Wind um die Nase wehen und das Brötchen mit Käse gut schmecken. Auch das kühle, leicht prickelnde Wasser aus der Thermoskanne sorgt dafür, dass du dich von den Aufstiegsstrapazen schnell erholst. Und dann erst die großartige Aussicht! Vor dir breitet sich eine abwechslungsreiche Welt aus Bergen und Tälern aus – mit weichen und harten Formen, wie sie Künstler*innen nicht sorgfältiger erschaffen könnten. Zudem entdeckst du nicht weit entfernt zwei Alpendohlen, die artistische Flugmanöver ausführen.

Wäre es nicht schön, wenn du auch einmal so fliegen könntest? Vielleicht hast du ja eines Tages die Gelegenheit dazu. Doch bis es soweit ist, reckst und streckst du dich – erst langsam und dann etwas schneller. Und dann öffnest du langsam die Augen und kommst wieder im Hier und Jetzt an. Ob vor deinem Fester auch gerade einige Vögel unterwegs sind?

Die Holzhütte in den Bergen

Gönne dir einen Moment der Ruhe. Versuche, ganz langsam und gleichmäßig zu atmen. Achte auf den Schlag deines Herzens und lasse dich vollkommen fallen. Schließe deine Augen und komm nun mit auf eine Traumreise.

Du befindest dich in einer zauberhaften, verschneiten Winterlandschaft. Einige Berggipfel lassen dich erkennen, in welcher Region du unterwegs bist. Die Sonne nähert sich bereits dem westlichen Horizont, trotzdem kannst du die Wärme ihrer Strahlen noch genießen. Es regt sich kein Lüftchen und der Himmel zeigt keine einzige Wolke. Eigentlich könntest du hier einfach verweilen und die Szenerie genießen. Spürst du die frische, kalte Luft, die in deine Lunge strömt? Dort vorne, unter dem verschneiten Nadelbaum, bewegt sich etwas. Du kannst ein Knacken vernehmen und erkennst einen Schatten. Vielleicht hat sich ein Eichhörnchen nach draußen gewagt, um ein paar Nüsse als Abendessen auszugraben.

Nun ist die Sonne hinter dem Horizont verschwunden und es wird fast schlagartig kühler. Aber du hast ja auch nur wenige Schritte bis zu der kleinen Holzhütte, die in der kommenden Nacht dein Zuhause sein wird. Sicher bist du schon sehr gespannt, was dich dort erwartet?

Greife einmal tief in deine rechte Manteltasche. Du spürst das kalte Metall und die eindeutigen Konturen eines Schlüssels. Er wirkt fast ein wenig zu modern für die alte Holztür mit ihren auffälligen Beschlägen, vor der du jetzt stehst. Aber er passt ins Schloss und lässt sich ganz leicht herumdrehen. Mit einem leichten Knarzen öffnest du die Tür – und du blickst in ein wahres Kuschelparadies! Aber geh erst einmal schnell hinein, schließe die Tür hinter dir und ziehe deine Stiefel aus. Der dicke, flauschige Teppich auf dem Boden ist garantiert so warm, dass du keine kalten Füße bekommst.

Das kleine Blockhaus besteht aus Holzbalken, die du auch von innen gut erkennen kannst. Eigentlich besteht es nur aus einem großen Raum, der aber in einzelne Bereiche unterteilt ist. Gerade vor dir befindet sich ein Kaminofen, hinter dessen großer Glasscheibe ein stattliches Feuer prasselt. Links daneben kannst du den Wohnbereich erkennen, der durch das Kaminfeuer und eine hölzerne, historisch anmutende Stehlampe beleuchtet wird. Hier wurden zwei Sofas und ein Sessel aus Rattan um einen kleinen, hölzernen Tisch herum drapiert und für noch mehr Kuscheligkeit mit weißen Lammfellen belegt. Vor allem bewunderst du aber die Hängematte, die vor der Ecke des Häuschens aufgehängt wurde. An der darin befindlichen Decke und dem Kissen kannst du erkennen, dass es sich um einen urgemütlichen Schlafplatz handelt. Du könntest dir nun noch die Kochnische und das Bad auf der anderen Seite der Hütte anschauen, aber lieber machst du es dir erst einmal bequem. Tritt doch erst einmal näher an den Ofen heran. Nicht zu dicht, um dich nicht zu verbrennen – aber dicht genug, um deine Hände und deine Wangen am Feuer wärmen zu können. Spürst du dieses wohlige Kribbeln in den Fingern und den Handflächen? Reibe deine Hände sanft aneinander, bewege deine Finger und deine Zehen.

Schau mal, dort auf dem Wohnzimmertisch steht eine Teekanne auf einem Stövchen, daneben befindet sich eine Tasse. Eine bessere Einladung kann es nicht geben, es dir bequem zu machen. Du setzt dich auf das Sofa und bedienst dich an dem wunderbar duftenden Tee. Er ist natürlich noch zu heiß, um ihn zu trinken, aber du kannst einmal tief daran schnuppern. Gleichzeitig wirfst du einen Blick auf das knisternde Kaminfeuer. Es wird nicht mehr lange dauern, bis das große dicke Holzscheit heruntergebrannt ist und du neues Holz nachlegen musst. Aber keine Angst, dafür musst du nicht hinaus in die Kälte, denn neben dem Kamin befindet sich ein ordentlich geschichteter Stapel mit gespaltenen Holzscheiten. Hier wurde wirklich an alles gedacht.

Strecke dich aus, um die wohlige Wärme zu genießen. Kannst du erkennen, dass es draußen wieder kräftig schneit? Hier im Haus kann dir das Wetter ganz sicher nichts anhaben.

Du nimmst vorsichtig einen Schluck Tee und schaust dich um. Was sich wohl hinter dem Vorhang an der hinteren Seite des Raumes befindet? Er ist rotweiß kariert und sieht daher ganz ähnlich aus wie die Decke des kleinen Tisches. Jetzt bist du doch neugierig geworden. Du stellst die halbvolle Teetasse auf dem Tisch ab und gehst auf den Vorhang zu, um diesen mit der linken Hand zu öffnen. Dahinter kommt ein elegantes, gut gefülltes Bücherregal zum Vorschein. Den Duft der Bücher kannst du ganz deutlich wahrnehmen, wenn du tief einatmest. Zuerst schaust du nur auf die kunstvoll gestalteten Buchrücken, die vor dir in Reih und Glied stehen. Es sind wertvolle Bücher zu Kunst, Architektur und Geschichte.

Nimm einmal ein Buch heraus, um es zu durchblättern! Es ist ein dickes Buch, das schwer in deinen Händen liegt. Beim Öffnen des Buchdeckels strömt dir wieder dieser Duft der bedruckten Seiten entgegen. Vielleicht gehörten diese Bücher einst in eine Bibliothek? Du blickst auf beschriftete Seiten, die in einer fremden Sprache kunstvoll gestaltet wurden. Sicher wirst du hier auch ein spannendes Buch in deutscher Sprache finden.

Du stellst das Buch zurück und entdeckst ein weiteres, dessen Buchrücken nicht weniger kunstvoll mit „Märchen und Geschichten" beschriftet wurde. Dieses Buch ist fast noch dicker als das erste. Nimm es doch einfach mit an den Tisch, dort schmökert es sich viel gemütlicher als im Stehen. Das Sofa ist einladend und die dahinter befindliche Leselampe scheint nur auf dich zu warten.

Jetzt ist der Tee soweit abgekühlt, dass du ihn problemlos trinken kannst. Dann erst schlägst du das Buch an einer beliebigen Stelle auf. Vor dir hast du die Geschichte von Alice im Wunderland. Schnell bist du in die Zeilen vertieft, in denen die kleine Alice in den Kaninchenbau fällt und allerlei wundersame Dinge erlebt.

Siehst du jetzt auch das weiße Kaninchen vor deinem inneren Auge? Diesmal spricht es nicht zu Alice, sondern zu dir. Es möchte dich wieder zurückführen ins Hier und Jetzt, dir aber die Eindrücke des gemütlichen Hauses in der verschneiten, wunderbaren Winterwelt mit auf deinen Weg geben.

Die Fahrradtour mit Picknick am Feldrand

Befindest du dich in einer gemütlichen Position? Dann strecke dich noch ein wenig, ziehe die Finger und die Zehen zusammen, lasse sie wieder los und schließe deine Augen. Wenn du nun auf deine Atmung und deinen Herzschlag achtest, bemerkst du, wie sie sich immer weiter beruhigen, bis sie schließlich ganz gleichmäßig geworden sind.

Nun trittst du in eine andere Welt ein und stellst fest, dass du dich am Ausgang eines kleinen Ortes in Richtung

Feldern befindest. Vor dir steht ein leicht aussehendes, schwarzes Fahrrad, auf dessen Gepäckträger ein ziemlich großer Weidenkorb eingeklemmt ist. Was sich wohl darin befindet? Neugierig kommst du einen Schritt näher und schaust vorsichtig hinein. Dann erhellt sich dein Blick: Es ist ein Picknickkorb.

Neben einer klein zusammengefalteten roten Picknickdecke entdeckst du auch eine Thermosflasche mit einem offenbar fruchtigen Getränk, zwei liebevoll eingepackte Baguette-Brötchen und mehrere kleinere Dosen mit unterschiedlichen Inhalten. Was für eine nette Überraschung! Aber so ganz genau willst du dann doch nicht nachsehen, damit die Spannung noch ein bisschen erhalten bleibt.

Nun geht es aber los: Du steigst auf das Fahrrad und setzt dich auf den sehr bequemen Sattel. Fast hast du das Gefühl, auf einem Sofa oder Sessel Platz zu nehmen. Aber als du in die Pedale trittst und sich das Rad leichtgängig in Bewegung setzt, weicht das Komfortzonen-Sofa-Gefühl doch gleich der Abenteuerlust. Das Fahren geht ganz leicht und du spürst, wie sich deine Beinmuskeln gleichmäßig im Kreis bewegen.

Zügig entfernst du dich vom Ortsrand und fährst immer weiter auf die Felder zu. Die asphaltierte Straße macht nach einigen hundert Metern einem leicht geschotterten Feldweg Platz, der für dein Fahrrad aber kein Problem darstellt. Dafür bist du nun wirklich im Grünen und befindest dich zwischen zwei Getreidefeldern. Da es Sommer ist, ist das Getreide schon gut gewachsen und die Ähren wiegen sich auf ihren langen Stängeln im leichten Wind. Wenngleich es früher Mittag ist, ist es noch nicht übertrieben warm, eher sehr angenehm. Die perfekte Temperatur fürs Fahrradfahren.

Nach einiger Zeit präsentiert sich der Feldrand nicht mehr von seiner strickt begrenzten, sondern von seiner natürlich wilden Seite. Links entdeckst du einen wunderschönen Wildblumenwiesen-Streifen und eine dort stehende Bank lädt dich spontan zum Picknick ein. Du steigst ab, stellst dein Fahrrad auf den Ständer und gehst zwei, drei Schritte in die Blumenwiese hinein. Der Boden fühlt sich leicht nachgiebig unter deinen Füßen an und einige der Blumen berühren mit ganz sanften, fast federleichten Bewegungen deine Beine, deinen Körper und deine Hände.

Ihre Farben- und Formenvielfalt ist beeindruckend: Du entdeckst große rote, leicht abgerundete Klatschmohnblüten; blaue zackige Kornblumen, die wie kleine Kronen aussehen, und hellviolette Wiesenflockenblumen, die lockere gefiederte Blüten haben. Aber auch Hahnenfuß, der seine gelben Blüten ähnlich wie kleine Schälchen der Sonne entgegenstreckt, um die hellen Strahlen aufzufangen. Und natürlich weiße

Wiesenmargeriten, die sich auf ihren langen Stängeln bei einem leichten Windstoß grazil zu den verschiedenen Seiten neigen.

Wenn du jetzt die Augen schließt und der Geräuschkulisse lauschst, was hörst du? Warte einen Moment ab, in dem du ganz ruhig weiteratmest und die Töne, die dich umgeben, aufnimmst. Richtig: Es ist eine interessante Mischung aus Ruhe und Betriebsamkeit. Kein menschlicher Laut ist zu hören – kein Straßenlärm, kein Trecker, kein Rufen Oder Ähnliches. Dafür nimmst du umso genauer das Spiel des Windes mit den Ähren und das Brummen und Summen der Hummeln und Bienen in den Blüten wahr. „Wo die nun plötzlich alle hergekommen sind?", überlegst du.

Auf jeden Fall haben nicht nur die Bienen und Hummeln Hunger – auch du kannst eine Kleinigkeit zu essen vertragen und freust dich noch einmal über deinen Picknickkorb. Zunächst nimmst du die rote Decke heraus, um sie über die Bank zu legen. Sie ist deutlich größer als du dachtest und fühlt sich wunderbar weich an. Dann machst du dich ans Auspacken des Korbes.

Wie du bereits vor dem Start vermutet hattest, handelt es sich bei dem Getränk um eine gut gekühlte Saftschorle.

Neben den Baguette-Brötchen kommt auch je ein ansehnliches Stück Gouda und Camembert zutage. Und in den anderen Dosen befinden sich mundgerecht geschnittene Birnen und Äpfel sowie eine bunte Mischung aus Him-, Brom- und Blaubeeren. Alles wunderbar reif und saftig. Insbesondere die knackigen, leicht süßsäuerlichen Äpfel haben es dir besonders angetan. Dazu ein Schluck der prickelnden Saftschorle, ein Stückchen knuspriges Baguette und cremiger Käse – ein Fünf-Gänge-Menü in einem eleganten Restaurant könnte dir wohl gerade nicht besser schmecken.

Nachdem du dich durch deinen Picknickkorb probiert hast, beschließt du, einen Moment Pause zu machen und dich vor der Weiterfahrt noch ein wenig auszuruhen. Deswegen stellst du den Weidenkorb neben dir auf die Erde und legst dich der Länge nach auf die Bank. Dein Blick fällt in den knallblauen Sommerhimmel und du siehst zarte fiedrige Schäfchenwolken gemächlich am Himmel vorbeiziehen. Eine von ihnen sieht aus wie ein Teddybär, eine andere erinnert dich fast ein wenig an eine Teetasse und eine dritte an einen kleinen Hund. „Eine lustige Mischung", denkst du, bevor dir die Augen zufallen und du ein kleines Nickerchen machst.

Wie lange du so geruht hast, weißt du gar nicht genau. Aber ein raschelndes Geräusch im Feld lässt dich blitzartig wieder hellwach werden. Was war das? Vorsichtig blickst du dich um und kannst gerade noch eine etwas kleinere und eine etwas größere langbeinige Gestalt im Feld vor dir verschwinden sehen. Offenbar hat dir ein Reh mit seinem Kitz einen Besuch abgestattet! Bestimmt waren sie auch auf der Suche nach etwas zu essen und dein Picknickkorb war wohl sehr verlockend. Nur, dass du schon wachgeworden bist, bevor sie ihn genauer unter die Lupe nehmen konnten. „So ein Pech!" Lächelnd nimmst du noch einen Schluck der Fruchtschorle, bevor du die Decke zusammenfaltest und dich mit deinem Fahrrad wieder auf den Weg machst. Immerhin hast du ja noch ein Stückchen Strecke vor dir – und wer weiß, vielleicht laufen dir die beiden sogar ein zweites Mal über den Weg ...

So steigst du wieder auf deinen Drahtesel, radelst los und kommst langsam wieder im Hier und Jetzt an und nimmst diese schöne Frage mit in deinen Tag.

Sonnenaufgang im Sommer

Lehne dich zurück, schließe deine Augen und atme ganz tief durch. Spürst du, wie du immer ruhiger und entspannter wirst? Dann ist jetzt genau die richtige Zeit für einen Ausflug auf die sommerliche Bergwiese.

Es ist noch ganz früh am Morgen, trotzdem schaut die Sonne bereits am Horizont hervor. Du gehst einen kleinen Weg entlang, der dich durch ein Wäldchen auf eine große Wiese führt. Überall dort, wo sich kleine Lücken zwischen den Bäumen auftun, schickt die Sonne ihre Strahlen bis auf den Weg. Dieser besteht links und rechts aus zwei festgefahrenen, erdbraunen Spuren und einer grasbewachsenen Erhöhung in der Mitte. Dort haben sich in der kühlen Nacht auf den Pflänzchen kleine Tautropfen gebildet. Schau mal das kleine Spinnennetz! Ganz kunstvoll sieht es aus und man könnte meinen, dass die Spinne damit keine Insekten, sondern Wasser einsammeln möchte. Auch auf der Pusteblume daneben haben sich einige Wassertropfen gebildet. Sicher werden diese schon bald durch die kräftiger werdende Sonne verschwinden. Ob jemand die Blume pflücken und die Samen in die Luft pusten wird?

Dort vorne ist bereits der Waldrand. Jetzt kannst du noch einmal den zahllosen Vogelstimmen lauschen. Es scheint fast, als befändest du dich in einem Konzertsaal, in dem ein vielstimmiges Orchester nur für dich allein musiziert. Kannst du den Gesang der Vögel zuordnen? Bis auf den Weg wagen sich freilich nur ganz wenige Vögel. Aber dort vorne scheint ein Rotkehlchen etwas entdeckt zu haben, denn es pickt fleißig auf dem Weg herum. Möglicherweise hat sich gestern Abend ein Wanderer auf den Baumstumpf daneben gesetzt, um sich mit einem Brötchen zu stärken. Wenn dabei ein paar Körnchen herunter gebröselt und auf den Weg gefallen sind, freut sich das kleine Vöglein nun darüber. Aber es dauert nur wenige Sekunden, bis ein Meisenpärchen auf die Szenerie aufmerksam geworden ist. Wild flatternd hüpfen sie auf das Rotkehlchen zu, das sofort auf den Baumstumpf hüpft und die beiden anderen Vögel von dort aus wild beschimpft.

Solange du stehenbleibst und die Szene bewunderst, kannst du noch einmal tief einatmen. Der frische Morgentau mischt sich mit dem Duft der Tannenbäume. Was kannst du noch erschnuppern? Liegt nicht auch ein schwacher Duft von Wildkräutern in der Luft? Der muss von dort vorne kommen, wo die wilde Wiese beginnt. Es ist nur noch ein kurzes Stück des Weges. Die Meisen scheinen ihr Frühstück beendet zu haben, denn sie flattern gemeinsam auf den Ast eines blühenden Holunderbusches am Wegesrand. Erst jetzt fällt dir der frische Duft der Holunderblüten auf. Möchtest du ihn noch tiefer aufsaugen? Du brauchst nur noch einen Schritt zur Seite zu machen, dann kannst du eine der noch nassen Blüten am Stiel greifen, vorsichtig schütteln und mit der Nase ganz dicht an die Blüte herangehen. Weckt der Duft Erinnerungen bei dir? Sobald es Saft und Gelee aus Holunderblüten gab, wurde der Sommer eingeläutet. Und während der Holunderblütenernte konnte man auch immer ein paar Walderdbeeren finden. Nicht so viele, um sie mitzunehmen – aber ausreichend, um sie sofort im Wald zu naschen.

Kannst du das Zirpen der ersten Grillen bereits hören? Auch die kleinen Heupferde wurden offenbar von der Morgensonne geweckt und geben sich nun alle Mühe, den Tag lautstark zu begrüßen. Noch ein paar Schritte, dann hast du die Wiese erreicht. Ob sie wohl mal zu einem Bauernhof gehörte? An der Seite kannst du jedenfalls einige wild umwucherte Holzpfosten und ein paar Drahtreste erkennen. Auch gemäht wurde die Wiese schon sehr lange nicht mehr, denn das Gras ist fast höher als du selbst. Sogar der grüne Mittelstreifen deines Weges scheint sich dem Wildwuchs der Wiese anzupassen, denn auch die dort wachsenden Pflanzen sind kaum zu bändigen.

Kein Wunder, dass sich die Insekten hier wohlfühlen! Einige der Wildpflanzen haben kleine Blüten gebildet und wetteifern mit dem blühenden Löwenzahn um die Gunst der Bienen und Hummeln, die ebenfalls längst in den Tag gestartet sind. Kannst du dir vorstellen, welch wunderbar schmackhafter Honig sich aus diesem Blütennektar herstellen lässt? Bleib noch einmal kurz stehen, um den Klang des Morgens auf dich wirken zu lassen.

Den Gesang der Vögel vernimmst du jetzt nur noch aus dem Hintergrund, dafür ist das Summen und Brummen der Wiese ganz nah. Von beiden Seiten kannst du nun die Bienen, Hummeln und Grillen vernehmen. Ein leichter Wind kommt auf und erzeugt ein sanftes Rauschen im Gras. Spürst du, wie ein Grasbüschel sanft deinen Handrücken streichelt? Im dichter bewachsenen Bereich dahinter kannst du ein paar hübsche, violette Blüten erkennen. Leider sind sie zu weit von dir entfernt, um daran schnuppern zu können. Für die Hummel ist es aber gar kein Problem, sich am Nektar der Blüte zu bedienen. Schau dir mal den kuscheligen, schwarzen Pelz der Hummel an. Schade, dass du sie nicht streicheln kannst. Dafür lässt sie sich aber besonders viel Zeit für ihr Nektarfrühstück, sodass du sie in aller Ruhe bewundern kannst. Erst nach mehr als einer Minute fliegt sie weiter und macht Platz für einen mindestens ebenso prachtvollen Schmetterling. Es ist ein Tagpfauenauge, das sich mit seinem langen Saugrüssel ebenfalls am Nektar der Blüte bedient. Ist es nicht wunderbar, dass in dieser üppigen Natur an alle gedacht ist?

Wenn du dich nun wieder dem Weg zuwendest, der fast schnurgerade durch die Wildwiese verläuft, kannst du vielleicht dort vorne die hölzerne Bank erkennen. Sitzfläche und Lehne bilden hier eine geschwungene Einheit, sodass diese Bank sicher so bequem ist wie ein Liegestuhl. Und kein Mensch ist hier, der dir den Platz auf dieser Bank streitig machen könnte. Der Schmetterling ist bereits weitergeflogen, aber vielleicht kannst du ihn wiederentdecken, wenn du dich dort hinsetzt und ganz still bist? Hier kannst du sogar deinen Kopf ablegen und einen Blick auf den blauen Sommerhimmel werfen. Einige kleine, schneeweiße Wolken wirken tatsächlich wie Schäfchen, die sich von der Morgensonne wärmen lassen.

Atme tief ein und aus, genieße den Duft der Sommerwiese und komme dabei ganz langsam wieder zurück. Öffne deine Augen und strecke dich aus. Ist das ein Lächeln in deinem Gesicht? Erlebe die Stunden deines Tages ganz bewusst und mit der frischen Energie dieser lebendigen Sommerwiese.

Der Drachenflug

Langsam begibst du dich in eine für dich bequeme Position, in der du deine Arme und Beine möglichst gemütlich betten kannst. Lehne auch deinen Kopf an und schließe langsam die Augen. Lockere deine Schultern durch einige gleichmäßige Kreise und höre auf deine Atmung. Fühlst und hörst du, wie sie ein immer ebenmäßigeres Tempo annimmt, dem sich auch dein Herzschlag anpasst? Atme weiter – tief ein und aus, ein und aus ... und lass dich ganz auf die nun folgende Reise ein.

Wieder einmal stehst du am Strand und lässt dir die frische, leicht salzige Brise um die Nase wehen.

Schmeckst du das Salz auf deinen Lippen und spürst du, wie der Wind deine Haare zerzaust? Doch diesmal ist es weder Sommer noch knallt die Sonne mit geballter Kraft vom Himmel. Es ist Herbst und fast schon ein wenig kühl. Einige Wolken ziehen am Himmel vorbei und bilden beeindruckende Türme aus weißen bis blaugrauen Wolkenbergen. Du bist warm angezogen und kuschelst dich in deine dicke Jacke, mit der du die Außentemperaturen ziemlich gut aushalten kannst.

Obwohl es nicht der schönste aller Tage zu sein scheint, ist der Strand rappelvoll mit den verschiedensten Menschen. Personen von klein bis groß und jung bis alt sind fleißig dabei, ihre Drachen aufzubauen. Denn heute ist Drachen-Strandfest und da möchten natürlich alle ihre Flugobjekte präsentieren. Du bist lediglich zum Schauen hier unterwegs, doch auch dabei wird es dir sicherlich nicht langweilig werden!

Langsam schlenderst du über den an dieser Stelle festen Sand. Weil du deine Schuhe zu Beginn des Strands oben an den befestigten Dünen ausgezogen hast, kannst du ihn kühl und feinkörnig unter deinen Füßen spüren. Einige ans Land geworfene Algenknäule sorgen für den typisch würzigen Geruch. In ihnen haben sich einige Muschelschalen verfangen, die den Gebilden ein wenig das Flair eines Dekorationsobjektes verleihen. Doch an diesem Tag geht es nicht darum, wie sich die Natur selbst schmückt – diesmal stehen die gestalterische Kunst und das handwerkliche Können der Drachenbauer*innen im Mittelpunkt des Geschehens.

Während du deinen Weg fortsetzt, läufst du an den verschiedensten Modellen vorbei. Manche Familien mit vergleichsweise kleinen Kindern haben ganz einfache bunte Drachen, die nur an einer Schnur in den Wind gezogen werden und dort leicht wie eine Feder vor sich hin schweben. Dennoch erkennst du an den Gesichtern der Jungen und Mädchen und an ihren begeisterten „Guck mal, Mama!"-Ausrufen, dass dieser Moment für sie ein ganz besonderer ist.

Dann kommen die riesigen Meerestiere: ob Fische, Seepferdchen, Krabben, Pinguine oder Wale ... Sie sind oft mehrere Meter groß und wiegen sich majestätisch-gleichmütig in der Luft. Ist es nicht schon fast ein echtes Rätsel, dass sie teilweise nur von einer Person gehalten werden können? Du schaust ihnen zu und versinkst in deinen eigenen Gedanken. Wäre es nicht wunderbar, ebenfalls so fliegen und das Land und das Meer von oben beobachten zu können? Oder wärst du lieber so frei und flexibel wie die Möwe, die jetzt gerade an ihnen vorbeifliegt und sie ein wenig kritisch beäugt, bevor sie sich auf den Wellen niederlässt und von diesen wie eine

Nixe wiegen lässt.

Eine weitere Gruppe stellen die aufwendigen Sportdrachen dar. Sie sind meist spitz und eckig und es ist bemerkenswert, wie zackig sie sich fliegen lassen und welche halsbrecherischen Manöver ihre Lenker*innen mit ihnen vollführen. Ob Kreise, Achten, Schleifen … Sie sind so schnell, dass du mit deinen Augen fast nicht mehr hinterherkommst. Manchmal, wenn sich zwei von ihnen besonders nahekommen, geht ein ruckartiger Aufschrei durch das Publikum. Und nicht nur ein oder zwei Kinder halten sich die Augen zu, weil sie mit einem harten Zusammenprall und einem schlagartigen Absturz der farbenfrohen Gebilde rechnen.

Aber natürlich passiert nichts Derartiges und du beschließt, dir an der Strandbude eine große Portion frische heiße Pommes frites zu holen, deren Geruch bereits verführerisch über den Strand zu dir herüber weht. Schon hast du den Geschmack von Salz, Pommes-Gewürz und Kartoffeln auf der Zunge. Schon fühlst du, wie ihre knusprige Hülle unter deinen Zähnen zerbricht und den noch etwas weichen, kartoffeligen Kern freigibt und du aufpassen musst, dass du dir an ihnen nicht die

Zunge verbrennst, weil sie so heiß sind ...

...als du noch einmal einen Blick an den Himmel wirfst und abrupt stehen bleibst. Nanu, die beiden waren doch gerade noch nicht hier: Ein kleiner goldener und ein etwas größerer grüner Drache vollführen gerade besonders wagemutige Loopings. Sie fliegen in einer perfekten Choreographie und sind wunderbar aufeinander abgestimmt. Auch lassen sie sich in regelmäßigen Abständen immer wieder fallen, um in einer halsbrecherischen Abwärtsspirale auf das Wasser zuzurasen und sich erst im allerletzten Moment wieder zu fangen.

Du fragst dich, wie das möglich ist – immerhin befinden sich die beiden vergleichsweise weit über dem offenen Meer und es sind keinerlei Schnüre zu sehen. Auch entdeckst du niemanden, der die beiden steuern könnte, denn sämtlichen Lenker*innen sind mit ihren Drachen sehr offensichtlich verbunden. Die anderen Menschen, die nun ebenfalls auf die zwei aufmerksam geworden sind und ihr Spiel mit offenen Mündern und staunenden Blicken verfolgen, können es ebenfalls nicht sein.

Plötzlich scheint es am gesamten Strand

mucksmäuschenstill zu sein. Nicht einmal die Möwen, die sich um eine heruntergefallene Portion Pommes gestritten haben, kreischen noch. Alle starren gebannt auf die beiden Drachen, die über dem Meer spielen und zwischendurch so dicht an die Wasseroberfläche herankommen, dass sie ihre krallenbewehrten Zehen durch das kalte Nass ziehen können. Wenn das wirklich nur Papierdrachen sind, dann die besten und lebensechtesten Modelle, die du je gesehen hast. Doch bevor sich die Situation letztlich klärt, fliegen die beiden auf das offene Meer hinaus und verschwinden hinter dem Horizont. Wie Papierdrachen, die sich von ihrer Leine befreit haben, und die nun die weite Welt erkunden wollen.

Du schaust ihnen noch einen Moment nach. Aber dann lässt auch du dich langsam wieder in das Hier und Jetzt herübergleiten, indem du dich räkelst, deine Augen in aller Ruhe einige Male öffnest und schließt und wieder in Schwung kommst. Und vielleicht nimmst du dabei ein wenig vom Elan und der Unbefangenheit der beiden mit …

Oh du süße Weihnachtszeit

Begib dich in eine bequeme Position und schließe deine Augen. Atme tief ein und aus, ein und aus. Fühlst du, wie deine Füße und Hände, Beine und Arme angenehm locker werden und wie sich auch dein Pulsschlag immer weiter einpendelt und entspannt? Bleibe einige Momente ruhig so sitzen oder liegen und genieße das angenehme Licht und die warme Luft.

Nun siehst du eine gemütliche Küche . Sie ist mit hellen Möbeln eingerichtet und hat einen großen Backofen, einen ebensolchen Kühlschrank, mehrere Schränke und eine gleichermaßen lange wie breite Arbeitsfläche. Sorgfältige Hände haben dir bereits eine Vielzahl an Zutaten, Zubehör und eine Küchenwaage bereitgestellt. Es ist also schon alles vorbereitet und du kannst quasi direkt mit dem Backen der Ochsenaugen beginnen!

„Trotzdem, etwas Wichtiges fehlt noch!", denkst du, während du dich in der Küche umschaust. Und tatsächlich – es ist ja ganz still. Ein Umstand, der nicht so recht zur Weihnachtsbäckerei passen will. Am anderen Ende der Küche entdeckst du im Regal ein Radio, das sich per Knopfdruck einschalten lässt. Nur wenige Sekunden später ertönen getragene, instrumentale Klänge – gespielt von einem zahlenmäßig recht groß besetzten Orchester. Für einen Moment schließt du die Augen und folgst der Musik, die inzwischen fröhlich und beschwingt klingt. Genau passend zur Herstellung von süßem Naschwerk.

Du begibt dich zur Küchenarbeitsplatte zurück und beginnst, die Zutaten abzumessen und jeweils separat in kleine Schüsseln zu füllen. Danach siebst du Mehl und Backpulver in eine Schüssel und vermengst sie vorsichtig darin. Es folgen einige Butterflocken, bevor auch Zucker, Vanillezucker und ein Ei hinzukommen. Während du alles vorsichtig mit deinen Händen zu einem geschmeidigen Teig verknetest, breitet sich bereits ein leicht süßer Duft von Vanille aus. Wie gut wird es erst riechen, wenn die Plätzchen fertig sind?

Nachdem du den Teig gründlich durchgeknetet, sorgsam in

Frischhaltefolie geschlagen und in den Kühlschrank gelegt hast, hast du einen Moment Zeit. Eine gute Gelegenheit, den Brombeer-Gelee zu probieren, den du nachher für die Füllung der Ochsenaugen nutzen möchtest. Das Glas mit Schnappdeckelverschluss lächelt dich bereits an und sein Inhalt leuchtet dir dekorativ dunkelviolett entgegen. Eine geschickte Handbewegung später springt der Deckel mit einem lauten Knacken auf. Langsam nähert sich deine Nase dem Glas. Ein fruchtig-warmer und gleichzeitig leicht säuerlicher Geruch nach Beeren kommt dir entgegen. Er erinnert dich an die heißen Sommertage, an denen du dir am Feld- oder Waldrand beim Pflücken der wild wachsenden Früchte so manches mal die Arme, Hände und Beine an den Dornen der Büsche zerkratzt hast ...

Eine kleine Kostprobe per Löffel bestätigt dich in der Annahme, dass der Gelee mit seiner dezenten Säure toll zu den butterig-deftigen Plätzchen mit der süßen Marzipan-Kruste passen wird.

Nachdem der Teig genug gekühlt ist, kannst du ihn wieder aus dem Kühlschrank nehmen und mithilfe eines leicht bemehlten Nudelholzes ausrollen. Spürst du, dass dafür nur ganz wenig Kraft nötig ist? Dafür braucht es ein wenig Gefühl und Konzentration, damit die Teigschicht an allen Enden und Ecken gleichmäßig dick wird. Während du dich dem Teig widmest, spielt das Orchester im Radio eine etwas tiefere, ruhige Weihnachtsmusik. Ihr Klang erfüllt die Küche mit einer heimeligen Atmosphäre und sorgt für eine beschwingte Stimmung, als du zum runden Ausstechförmchen mit Wellenrand greifst und aus dem Teig Kreise ausstichst.

Als du damit fertig bist, legst du Backpapier auf ein Backblech und setzt die Teigkreise mit ein wenig Abstand ganz behutsam auf das Blech. Anschließend widmest du dich der Spritzmasse für den Ochsenaugenring: Hierfür schneidest du Marzipan möglichst klein – eine ganz schön klebrige Angelegenheit, was? – und trennst ein Ei. Mit ein wenig Geschick lässt du das Eigelb von einer Schalenhälfte in die andere gleiten und gibst das Eiweiß in eine und das Eigelb in eine andere Schüssel. Nun kommt das Marzipan zum Eiweiß und dann heißt es, die Masse mit einem Rührbesen mit kurzen, kräftigen

Handbewegungen zu mischen, bis sie geschmeidig ist. Geschafft – auch, wenn dein Handgelenk allmählich nicht mehr so gerne möchte. Doch was tut man nicht alles für lockere und saftige Ochsenaugen.

Nun kommt die Masse in eine Spritztülle, die das ringförmige Aufbringen auf die Teigkreise ziemlich einfach macht. Anfangs musst du noch ein wenig an der Gleichmäßigkeit arbeiten. Aber je öfter du es probierst, desto besser gelingen dir die Ringe und schon bald kannst du dich darüber freuen, dass sie genauso wie beim Konditor um die Ecke aussehen. Und dass sie sogar fast genauso schmecken, weißt du deshalb, weil du natürlich ein wenig von der leicht schaumigen, nussig-süßen Masse probiert hast. Denn nichts geht über das mehr oder weniger heimliche Naschen und Probieren beim Plätzchen-Backen – das ist doch ganz klar.

Nachdem die Ring-Masse ein wenig angetrocknet ist, brauchst du den freien Platz in der Mitte nur noch mit ein wenig Brombeer-Gelee auszufüllen. Der dunkle Fruchtspiegel bildet optisch einen schönen Kontrast zu den hellen Ringen. Sehr zufrieden mit deinem Werk schiebst du das Backblech in den heißen Ofen – jetzt heißt es einige lange Minuten warten, bis die Ochsenaugen fertig sind. Der Duft, der in der Zwischenzeit aus dem Backofen dringt, lässt dir das Wasser im Mund zusammenlaufen.

Und dann ist es auch schon so weit! Vorsichtig und mit dicken weichen Backhandschuhen bekleidet, öffnest du die Klappe und holst das heiße Blech heraus. Mehr als ein Dutzend Ochsenaugen lachen dich mit einer leicht goldbraun-gebräunten Oberfläche an. Du kannst es kaum erwarten, bis sie ein wenig abgekühlt sind und du das erste Plätzen probieren kannst. Der Geschmack und die Konsistenz sind überwältigend: Ein krosser Boden, dazu der fruchtige Gelee und der saftige, am Rand leicht knusprige Rand – kann es etwas Besseres geben?

Bestimmt nicht ... Also beschließt du, dir ein weiteres Ochsenauge zu nehmen und es in aller Ruhe auf der gemütlichen Küchenbank zu naschen. Danach reckst und streckst du dich ein wenig und kommst langsam wieder im Hier und Jetzt an. Aber das warme heimelige Gefühl aus der Küche und den vollmundigen Plätzchengeschmack nimmst du natürlich mit!

Eiszeit für einen Tag

Langsam begibst du dich in eine gemütliche Position, in der deine Arme und Beine bequem liegen. Lockere deine Zehen und Finger durch abwechselndes Zusammenziehen und Ausstrecken und atme tief und bewusst ein und aus. Wenn du nun deine Augen schließt, kannst du spüren, wie dein Puls immer gleichmäßiger wird. Lasse dich von deinen im langsamen Takt verlaufenden Herzschlägen tragen und tauche in eine andere Welt ein ...

Zunächst wirkt es ein wenig so, als würdest du durch eine Wand aus hellem Nebel laufen. Doch dieser zerteilt sich schon nach wenigen deiner Schritte und gibt das Sichtfeld auf eine kleine, aber sehr gepflegte Küche frei.

In ihr befindet sich ein Mann mittleren Alters mit dichten dunklen Locken. Neben ihm steht eine etwas jüngere Frau, die ebenfalls volle schwarze, aber glatte Haare hat. „Schön, dass du da bist und uns heute beim Eis-Machen und -Ausliefern hilfst". Sie begrüßen dich mit weichen tiefen Stimmen und einem Lächeln auf den Lippen. Deine Augen weiten sich vor Überraschung. Eis machen und ausliefern? Damit hast du nicht gerechnet, aber insgeheim schon immer davon geträumt. Bestimmt ist es gar nicht so einfach, in diesen engen kleinen Wagen in kurzer Zeit so tolle Eishörnchen und -becher zu füllen und auszugeben. Aber warum nicht? Schließlich ist es ein schöner Spätfrühlingstag und die Menschen sind bestimmt ganz scharf auf eine süße Erfrischung.

„Ich bin Marko", meint der Mann, während er dir die Hand gibt. „Und das ist Julia", nickt er in Richtung der daneben stehenden Frau, die dich auf dieselbe Art und Weise noch einmal willkommen heißt. Der Griff ihrer Hände fühlt sich gut an – fest und vertrauensvoll. Nachdem du ebenfalls deinen Namen genannt hast, fragst du, welche Eissorten ihr an diesem Morgen vorbereiten werdet.

„Die Klassiker", antwortet Julia. „Vanille und Schokolade gehen natürlich immer. Aber auch Fruchtsorten wie Erdbeere, Banane und Zitrone. Und dann noch ein bisschen Nuss wie Haselnuss und Pistazie. Außerdem geht doch nichts über selbstgebackene Waffeln, oder?" Sie zwinkert dir zu. „Die stellen wir ebenfalls selbst her. Deswegen sollten wir auch gleich anfangen, damit wir mit allem rechtzeitig fertig werden."

Du nickst und folgst den beiden an die lange Küchenarbeitsfläche. Julia und Marko haben bereits alle Zutaten und das Zubehör bereitgestellt: Köstlich-süß duftende Erdbeeren, reife Bananen, knallgelbe Zitronen, Zucker, Sahne, Rührschüsseln und und und … eben alles, was ihr zum Eisherstellen benötigt. Und dann wird auch schon auf Hochtouren geschnitten, vermengt, gemischt, gerührt und eingefroren. Freilich darfst du jede Masse vor dem Einfüllen in die Eismaschine probieren und kannst dich anschließend gar nicht entscheiden, was deine Lieblingssorte ist: Das spritzig-frische Zitroneneis, das so süßsäuerlich in deinem Mund prickelt? Oder doch das gehaltvolle dunkle Schokoladeneis, bei dem die kleinen festen Schokosplitter ganz wunderbar zwischen deinen Zähnen knacken? Oder das Haselnuss-Eis mit seinen wunderbaren Röstaromen? Etwas seufzend gibst du auf, weil du dich nicht entscheiden kannst. Doch das ist gar nicht schlimm – gute Laune machen sie schließlich alle.

Anschließend geht es ans Eishörnchen-Backen und nachdem der Teig hergestellt ist und einen Moment geruht hat, verbreitet sich beim Backen schnell ein köstlicher Duft nach Butter, Vanille und geschmolzenem Zucker in der Küche. Selbstverständlich ist beim Bedienen des Hörnchen-Automaten eine gewisse Vorsicht angebracht, da dieser unglaublich heiß ist. Doch Julia und Marko sind von deiner Geschicklichkeit sehr beeindruckt und loben dich mehrere Male dafür, wie gleichmäßig du die noch heißen gebackenen Teigplatten zu fertigen Hörnchen aufrollen kannst.

Danach ist zunächst eine kleine Pause angesagt. Diese tut dir sehr gut, denn die viele Arbeit mit den Händen ist auf die Dauer doch sehr anstrengend. Ein kleines zart schmelzendes Probe-Eis bestätigt dich jedoch darin, dass sich die viele Arbeit gelohnt hat.

Und dann ist es auch schon wieder so weit: Zu dritt beladet ihr den kleinen Eiswagen. Dabei achten Marko und Juli sorgfältig darauf, dass ihr nicht nur an die verschiedenen Eispötte und die Hörnchen, sondern auch an die Soßen und die Streudekoration denkt. Was wäre ein Krokant-Becher ohne süßen, knusprigen Haselnusskrokant? Oder ein Bananensplit ohne Amarena-Kirschen und Schokoladensoße? Eben.

Sobald alle Leckereien eingeladen sind, beginnt die Fahrt.

Sie dauert nur eine kurze Zeit und schon kommt ihr an eurem Ziel an: An einem Wanderparkplatz, der direkt am Stadtausgang an einem malerischen Flussufer liegt. Der perfekte Ort, um an einem Freitagnachmittag Eis zu verkaufen! Die Sonne scheint warm, einige dünne weiße Schleierwolken ziehen ebenso gemächlich vorbei wie das Wasser im Fluss und die ersten Spaziergänger*innen genießen das schöne Wetter und krönen ihren Feierabend mit einer kühlen Köstlichkeit.

Innerhalb weniger Minuten bildet sich bereits eine ordentliche Schlange vor eurem kleinen Eismobil und das Abfüllen der Kugeln kann beginnen. Dabei ist es gar nicht so einfach, sich auf so kleinem Raum geschickt zu bewegen und sich vor allem nicht im Weg zu stehen. Doch die beiden anderen haben damit viel Übung und zeigen dir zunächst einmal, wie du einen Erdbeerbecher zusammensetzt: Erst einige Kugeln Erdbeer- und Vanilleeis, dann einige frische, kleingeschnittene Früchte und zuletzt ein paar Spritzer Erdbeersoße und eine kleine Sahnehaube. Fertig!

Dadurch ermuntert, versuchst auch du dich am Abfüllen der Eiskugeln. Zunächst einmal mit Hörnchen-Eis, was dir gleich auf Anhieb sehr gut gelingt und von der Eisliebhaberin vor deinem Wagen sehr gelobt wird. Ein kleines Kunststück ist es ja schon, die Kugeln mithilfe des Portionierers gleichmäßig rund aus der Kühlschüssel zu lösen. Deswegen darfst du auf jeden Fall darauf stolz sein, dass deine Kugeln jedem Werbeplakat Ehre bereiten würden.

Danach bereitest du aber auch noch einige weitere Becher vor, bei denen einem schon beim Hinsehen das Wasser im Mund zusammenläuft. Kein Wunder, denn das Eis ist wunderbar sahnig-cremig und die Gestaltung der einzelnen Becher mehr als nur zum Anbeißen. Und so ist es kein Wunder, dass sich eure Waffel- und Eisvorräte im Handumdrehen lichten.

Fast genau zu dem Zeitpunkt als alle Spaziergänger*innen weg sind, herrscht in euren Kühlbehältern Ebbe. „Eine Punktlandung", lacht Julia, als ihr euch wieder auf den Weg in die Stadt macht. Wieder an der Küche angekommen, verabschiedest auch du dich … und machst dich langsam zurück auf den Weg ins Hier und Jetzt.

Die Fluss-Paddeltour

Nimm eine entspannte Position ein, in der du Arme und Beine bequem ablegen kannst. Danach schließe deine Augen und lasse deine Schultern ein wenig kreisen. Ziehe Finger und Zehen zusammen, strecke sie wieder und wiederhole das Spiel einige Male. Atme gleichzeitig bewusst und tief ein und aus, ein und aus. Fühlst du, wie sich dein Puls immer weiter beruhigt, bis er schließlich ganz gleichmäßig schlägt? Dann kann es mit der Traumreise losgehen ...

Dein Startpunkt befindet sich an einer flachen Stelle eines Flussufers. Hier liegt, an einem Pfosten befestigt, ein knallrotes Kajak für dich bereit. In ihm befindet sich alles, was du für deine Paddeltour benötigst: Ein Doppelpaddel, eine Schwimmweste sowie eine wasserfeste Tonne mit ein paar Snacks und Wasser für ein kleines Picknick.

Du brauchst das Boot nur noch loszumachen, vorsichtig einzusteigen und deine Füße zu verstauen. Das ist gar nicht so leicht, denn das Boot schwankt ein wenig auf dem Wasser hin und her. Doch nach einigen Sekunden hast du eine angenehme Sitzposition gefunden und kannst die Schwimmweste anlegen. Sie schmiegt sich eng an deinen Oberkörper und wird dir bei Bedarf bestimmt gute Dienste leisten. Aber natürlich hoffst du, dass du sich nicht brauchen wirst. Immerhin willst du ja heute paddeln und nicht unnötig baden gehen.

Sobald du komplett startklar bist, greifst du nach dem Doppelpaddel. Der runde Schaft fühlt sich hart und stabil in deiner Hand an und es fällt dir nicht schwer, dich vom Uferrand abzustoßen und dich ein Stückchen auf den Fluss hinausgleiten zu lassen. Dort stichst du mit regelmäßigen, links-rechts abwechselnden Bewegungen die Paddelblätter ins Wasser und ziehst sie hindurch. Das Kajak reagiert bereits auf sehr feine Manöver deinerseits und du bemerkst, dass du gar nicht so viel Kraft benötigst wie erwartet. Auch ist die Strömung des Flusses so stark, dass sie dich und dein Boot zügig nach vorne gleiten lässt.

Ein Umstand, der dir sehr entgegen kommt.
Denn davon abgesehen, dass du das

Kajak zwischendurch auf Kurs halten musst, brauchst du nicht viel Energie ins Paddeln zu stecken. Stattdessen kannst du deine Zeit nutzen, um deine Umgebung genauer anzusehen. Es ist ein schöner Tag und die Sonne scheint dir warm in den Nacken. Wie gut, dass du an Sonnenschutz und einen Hut für deinen Kopf gedacht hast – so kannst du es auf dem Wasser prima aushalten.

Das dich tragende Flusswasser dagegen ist kühl und frisch und bildet damit einen wunderbaren Kontrast. Es wirkt leicht grünlich und ist aufgrund der kleinen Wellen und Lichtspiele nicht so ganz leicht zu durchschauen. Dennoch erkennst du beim etwas genaueren Beobachten des Wassers einige mittelgroße Fische, die in einer kleinen Ausbuchtung des Flussufers dicht unter der Wasseroberfläche eine kurze Pause einlegen. Wie geschmeidig sich ihre länglichen Körper in der dort leichten Strömung wiegen!

Auch Enten und Schwäne haben es sich nicht weit entfernt von dieser Stelle am Flussufer gemütlich gemacht. Einige Enten genießen am Ufer mit geschlossenen Augen ein Sonnenbad, während sich andere mit geschäftigem

Geschnatter gegenseitig die Federn richten. Ein majestätischer Schwan mit glänzend weißen Federn quert mit seinen fast ausgewachsenen Küken, die nur noch ganz leicht grau sind, den Fluss in einer breiten, diagonalen Bahn. Da hältst du doch glatt respektvoll ein wenig mehr Abstand, bevor du wieder schwungvoll in die Paddel greifst.

Nachdem du dem Flusslauf einige hundert Meter weit durch einige kleinere Kurven gefolgt bist, kommt dir auf der anderen Fluss-Seite ein Ausflugsschiff entgegen. Glücklicherweise ist der Strom hier so breit, dass das Ausweichen zur Seite kein Problem ist. Es bringt seine Gäste zu einer weiter oben am Fluss gelegenen Burgruine, von der aus schon die Ritter im Mittelalter auf die schöne Landschaft mit Wald, Wiesen und eben dem Fluss herabblicken konnten. Du entdeckst einen Mann, der mit einem Fernglas ein Haubentaucher-Pärchen bei seinen Fischzügen unter Wasser zu beobachten scheint. Und ein kleines Kind hörst du laut, eindringlich und ein wenig quengelig rufen, dass es jetzt aber doch unbedingt ein Eis haben möchte.

Keine schlechte Idee! Auch du könntest nun einen Snack vertragen und suchst nach einer geeigneten Stelle für ein Picknick. Wie schön! Eine kleine Bucht am Fluss mit einer flachen Ausstiegsstelle, gesäumt von Gras und Buchen, deren Blätter sich verspielt im leichten Wind wiegen. Hier lässt es sich prima rasten und einen Schluck kaltes Wasser aus der wasserfesten Tonne nehmen. Fühlst du, wie erfrischend es deinen Hals hinunter perlt? Ebenfalls in der Box liegen einige Süßigkeiten. Du entscheidest dich für einen Schokoladen-Nuss-Riegel, der kernig zwischen deinen Zähnen kracht, als du das erste Stück abbeißt. Die zartschmelzende Schokolade der Umhüllung, die dir auf der Zunge zergeht, ist aber ebenfalls nicht zu verachten.

So genießt du eine Zeitlang die Ruhe und Beschaulichkeit, die mit der schönen Umgebung Hand in Hand gehen. Als du dich genug erfrischt fühlst, heißt es erneut „Leinen los" und ins Kajak gestiegen. Immerhin wartet ja noch ein kleiner Nervenkitzel auf dich! Unweit von deiner Pausenstelle besitzt der Fluss einige kleine Stromschnellen. Je näher du mit kräftigen Schlägen auf sie zu paddelst und dich dann von der Strömung tragen lässt, desto schneller fließt das Wasser unter deinem

Boot. Du spürst, wie dein Kajak an Fahrt aufnimmt und hörst, wie das Wasser immer lauter gurgelt. Auch musst du immer mehr Konzentration und Kraft aufbieten, um dein Gefährt auf Kurs zu halten, weil es ganz schön geschaukelt und in verschiedene Richtungen gezogen wird.

Aber was für ein Spaß! Schließlich paddelst du diese Stelle nicht zum ersten Mal und weißt ziemlich genau, was für ein kleiner wilder Ritt dich hierbei erwartet. Das teilweise hoch aufspritzende Wasser trifft dich an Oberkörper, Armen und im Gesicht und bietet dir eine wunderbare Kurzzeit-Erfrischung, die aber schnell wieder trocknet. Und dann kannst du auch schon spüren, wie der feste Zug allmählich wieder nachlässt und sich die Strömung wieder beruhigt, bevor der Fluss seine Reise friedlich weiter fortsetzt.

Und auch du machst dich wieder auf die Reise ins Hier und Jetzt zurück und nimmst den Schwung und die guten Gedanken aus deiner Paddeltour mit in den Tag.

Die Wolkenreise

Mache es dir gemütlich, indem du zunächst deine Finger und Zehen, dann deine Hände und Füße und anschließend deine kompletten Arme und Beine streckst. Schließe anschließend die Augen und höre auf den Schlag deines Herzens. Spürst du, wie sich die Geschwindigkeit deines Pulses verlangsamt, bis er ganz ruhig und gleichmäßig ist? Genauso geht es dir mit der Atmung – du atmest ruhig ein und aus. So entspannt wie du nun bist, bist du bereit für die nun folgende Traumreise.

Stelle dir vor, dass du in einem Garten auf einer grünen Rasenfläche stehst, deren Ränder von Frühlingsblüten gesäumt sind. Leuchtend rote Tulpen und strahlend gelbe Osterglocken stechen dir ins Auge. Die ersten Bienen und Hummeln sind unterwegs und du kannst ihr leises Brummen hören, mit dem sie eifrig von Blüte zu Blüte fliegen. Auch ein Apfelbaum am Rand der Wiese ist über und über mit Blüten bedeckt, die einen heimeligen Duft ausströmen und mit ihrer weiß-rosafarbenen Farbe wie ein riesiges Federbett aussehen. Die Wiese fühlt sich weich und ein wenig nachgiebig unter deinen Füßen an und der laue Wind streicht dir sanft über das Gesicht.

Du willst gerade die Augen schließen und dich ganz den Eindrücken der Natur hingeben, als eine Wolke langsam vom Himmel auf dich zu schwebt und dich vorsichtig an einer Hand berührt. Du bist überrascht, doch das Gefühl tut dir sehr gut: Die Wolke ist zugleich weich und fest; ein wenig, wie wenn sie aus Angorawolle wäre. Sie ist so groß wie ein bequemes Bett und schwebt so dicht zu deinen Füßen, dass du dich auf sie setzen kannst. Eine spannende Situation! Hast du dir nicht immer schon einmal gewünscht, die Welt von oben aus zu sehen und auf Wolken zu schweben? Nun ist es so weit – die Wolke steigt ganz langsam in die Höhe.

Nun siehst du den kleinen Garten von oben. Der Apfelbaum schaut nun wie ein Kissen aus, während die Frühlingsblumen kleine bunte Farbkleckse im Vergleich zur sattgrünen Wiese ergeben.
Plötzlich hörst du auch das Zwitschern von zwei Blaumeisen, die sich im Baum versteckt haben müssen und jetzt in die Luft

aufsteigen und im Flug spielerisch miteinander balgen. Dabei fliegen sie dir dicht an der Nasenspitze vorbei. Die Federn der einen Meise streifen sogar deine Nasenspitze und kitzeln dich ganz leicht. Das war knapp!

Wie auf Kommando steigt deine Wolke noch ein wenig höher und setzt ihre Reise fort. Du fliegst immer weiter aus der Stadt hinaus, in der sich der Garten wohl befunden haben muss und die Häuser werden immer kleiner. Dafür wird die Landschaft immer offener und weiter. Unter dir siehst du Felder, auf denen die ersten grünen Halme sprießen. Dann kommen einige Bauernhäuser, die zusammen mit einer Kirche ein kleines Dorf ergeben. Auf dem Dach des Kirchturms erkennst du ein Storchennest.

Ob die Störche wohl schon wieder aus dem Süden zurück sind? Gerade in dem Moment, in dem du auf deiner kuscheligen Wolke mit leichtem, warmem Wind auf der Haut über diese Frage nachdenkst, bemerkst du ein eindeutiges Klappern. Da! Der erste Storch taucht hinter dem Kirchturm auf und fliegt zum Nest, wo er sich niederlässt und die kleinen Äste am Rand ein wenig herrichtet. Plötzlich rauscht es ein wenig hinter dir und dann taucht auch schon der zweite Storch auf, um in den Sinkflug überzugehen und neben seinem Partner Platz zu nehmen.

Aber die beiden Störche sind natürlich nicht das Einzige, was dir bei der Betrachtung des kleinen Dorfes auffällt: Mit dem Wind zieht der Duft von frisch gebackenen Waffeln zu dir nach oben auf deine kleine Wolke. Merkst du, wie süß und warm die Vanille im Waffelteig ist? Während du noch tief ein- und ausatmest und den Duft genießt, dringt Musik an dein Ohr: Jemand spielt Gitarre und wird dabei von einer anderen Person mit einem Akkordeon begleitet.

Du lauschst, aus welcher Richtung die Geräusche kommen und wirst von deiner kuschelig-weichen Wolke immer weiter in ihre Richtung getragen. Nach einigen Augenblicken kannst du erkennen, woher die leise Musik und die intensiven Düfte kommen. Offenbar veranstalten die Dorfbewohner*innen ein kleines Fest am Dorfbach und haben an seinem Ufer einige kleine Buden aufgestellt, in denen fleißig gebacken und gekocht wird.

Der Wind, der zu dir nach oben auf die Wolke zieht, fühlt sich mit einem Mal ganz warm an. Wie wenn du direkt neben der Frau am Waffeleisen stehen würdest. Nur noch wenige Augenblicke und schon wird die Waffel aus dem Eisen geholt, zum Abkühlen auf ein Gitter gegeben und dann dick mit Puderzucker bestäubt. Da möchte man doch gleich am liebsten direkt hineinbeißen, wenn nach der knusprigen Schale der noch warme, ein wenig weiche Waffelkern auf einen wartet, oder?

Du denkst noch ein wenig über den Geschmack der Waffel nach als sich deine kleine Wolke wieder langsam in Bewegung setzt und sich auf den Rückweg macht. Auf dem Flug nach Hause schwebt ihr wieder über die ersten, noch etwas großzügiger verteilten Häuser und Gärten der Stadt. Dank des sonnigen und warmen Wetters haben einige Leute bunte und weiße Bettwäsche auf die Leinen in ihren Gärten gehängt, die im Wind flattert und jedem Drachen damit Konkurrenz macht.

Doch allmählich werden die Gebäude wieder größer und stehen immer dichter. Auch sind die Straßen wieder belebter; die Fahrzeuge und Personen sehen wie emsige Ameisen und Raupen aus. Siehst du, wie sie zwischendurch die Richtungen wechseln, kurz verharren und dann zügig weiter eilen?

Dann kommt auch schon dein Garten wieder in Sichtweite. Deine zarte Wolke geht in den Sinkflug über und hält schließlich eine Handbreit über der weichen grünen Wiese, sodass du bequem absteigen kannst. Ein gutes, aber im ersten Moment etwas merkwürdiges Gefühl, wieder festen Boden unter den Füßen zu haben ...

Schließlich gleitet sie davon. Und auch du bewegst dich langsam, reckst und streckst dich und öffnest in aller Ruhe wieder die Augen, um im Hier und Jetzt anzukommen und die guten Gefühle der Traumreise mit in deinen weiteren Tagesverlauf zu nehmen.

Die Schatzsuche

Schließe deine Augen und lehne dich gemütlich zurück. Lasse deine Schultern, deine Arme und Finger kreisen und ziehe deine Zehen zusammen, um sie wieder zu strecken. Spüre tief in dich hinein und fühle, wie sich dein Herzschlag parallel zu deiner immer ruhiger werdenden Atmung verlangsamt, bis er schließlich ganz gleichmäßig geworden ist.

Siehst du, wie vor deinem inneren Auge nun langsam eine Südsee-Insel auf dich zukommt? Sie verfügt über einen breiten Sandstrand, der sanft ins blaue Wasser übergeht. Als du die ersten Schritte auf die Insel setzt, spürst du gleichzeitig den feinen Sand und das ziemlich warme Meer an deinen Füßen. Passend dazu wärmt dir die Sonne die Schultern und den Nacken. Auch die leichte Brise, die vom Meer herkommt und eine leichte Kühlung mit sich bringt, trägt dazu bei, dass du hier gern mit geschlossenen Augen stehen bleiben möchtest.

Doch dann passiert etwas Spannendes: Dir wird ein Blatt an die linke Schulter geweht und bleibt dort hängen. Neugierig greifst du danach und hörst das leichte Knistern, das das pergamentartige Papier unter dem Griff deiner Finger von sich gibt. Wo das nun plötzlich herkommt? Und was für eine Botschaft es wohl enthält? Eine Schatzkarte! Zumindest scheint es so, denn das Blatt enthält neben einer Zeichnung der Insel auch eine ganze Reihe von Zahlen und Pfeilen.

Nachdem du es genau betrachtet und auch die Insel vom Strand aus ein wenig genauer unter die Lupe genommen hast, stapfst du über den feinen, warmen Sand auf den Wald der Insel zu. Ziemlich genau in seiner Mitte muss sich ein Berg befinden, auf dessen mit Palmen und anderen Bäumen bewachsenem Gipfel sich der Schatz zu befinden scheint. Ein Piratenschatz, bestehend aus Gold und Silber? „Fast ein wenig zu sehr wie aus einem Abenteuerroman", denkst du dir lächelnd, während du immer tiefer ins Grün vordringst.

Hier ist die Luft durch die vielen Pflanzen besonders klar und angenehm. Eigentlich fehlt nur noch eine Hängematte und ein Glas mit frischer, cremiger Kokosmilch, um die Mittagspause perfekt zu machen. Allerdings ist jetzt nicht der richtige Zeitpunkt für eine Pause, denn dich hat die Abenteuerlust gepackt. Du spürst, wie du von einer positiven Aufregung ergriffen wirst und wie dein Blut in deinen Adern schneller fließt.

Tatkräftig setzt du einen Schritt vor den anderen. Sicherlich musst du ein wenig auf das Wurzelwerk der verschiedenen Büsche und Baumriesen achten, damit du nicht ins Stolpern gerätst. Hättest du jemals gedacht, dass ein Waldspaziergang zu einer solchen Kletterpartie werden kann? An manchen Stellen ist der praktisch nicht vorhandene Weg so steil, dass du wirklich etwas kraxeln musst. Doch deine Beinmuskeln sind stark und verlässlich und dein Griff ist fest und sicher, sodass du langsam, aber stetig vorankommst.

Obwohl die Bäume so dicht beieinander stehen, dass sie eine ziemlich dichte grüne Wand bilden, gelingt es dir, an einer Stelle eine Aussicht auf den Strand und das Meer zu erhaschen. Unglaublich! Das Wasser ist so blau, dass es dir schwerfällt, den Übergang zwischen Meer und Horizont so richtig auszumachen. Das Einzige, was dir dabei ein wenig besser hilft, sind die weißen Vögel mit ihren langen eleganten Schwänzen, die auf Fischfang sind und sich ab und an wie helle Blitze in die azurblauen Fluten stürzen.

Nach einer kleinen Pause und einem erneuten Blick auf die Karte machst du dich wieder auf den Weg. So wie es aussieht, hast du bereits die Hälfte geschafft. Nanu, was ist denn das? Ein Stein mit einigen eingeritzten Zeichen verstellt dir den Weg. Es ist nicht so, als würdest du nicht an ihm vorbeisteigen können, doch du nimmst dir die Zeit, ihn ein wenig genauer zu untersuchen. Kühl und hart fühlt er sich an, mit einer etwas rauen Oberfläche, die dich ein wenig an Schmirgelpapier erinnert. Die darin eingegrabenen Zeichen wirken geheimnisvoll. Mindestens einen Zentimeter tief sind sie in den Stein gehauen und wenn du darüber streichst, spürst du, dass dir jemand durch sie eine Geschichte erzählen möchte. Doch du vermagst sie nicht zu entziffern …

In Gedanken versunken und gleichzeitig sehr auf den Weg und dein Ziel konzentriert, nimmst du die letzten

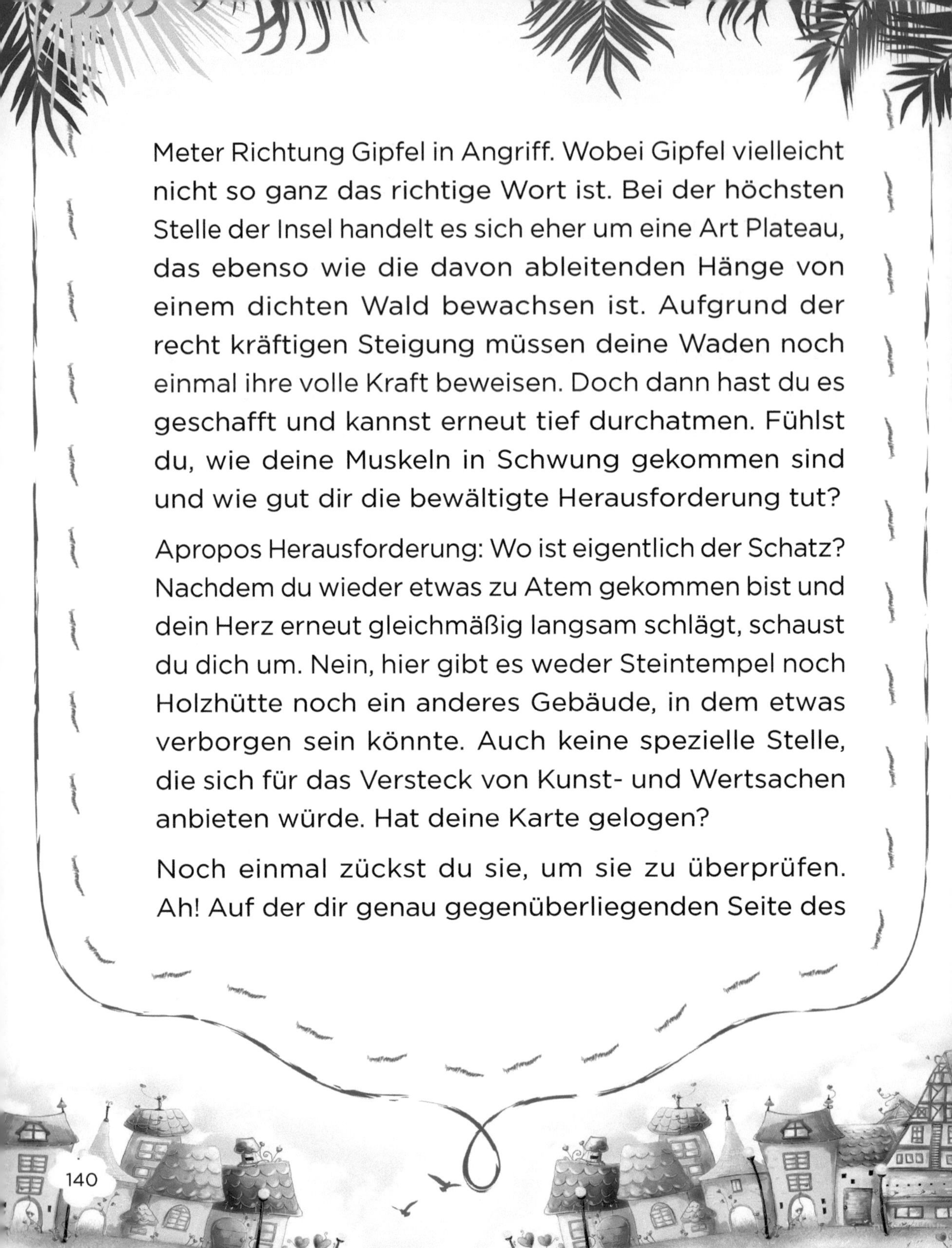

Meter Richtung Gipfel in Angriff. Wobei Gipfel vielleicht nicht so ganz das richtige Wort ist. Bei der höchsten Stelle der Insel handelt es sich eher um eine Art Plateau, das ebenso wie die davon ableitenden Hänge von einem dichten Wald bewachsen ist. Aufgrund der recht kräftigen Steigung müssen deine Waden noch einmal ihre volle Kraft beweisen. Doch dann hast du es geschafft und kannst erneut tief durchatmen. Fühlst du, wie deine Muskeln in Schwung gekommen sind und wie gut dir die bewältigte Herausforderung tut?

Apropos Herausforderung: Wo ist eigentlich der Schatz? Nachdem du wieder etwas zu Atem gekommen bist und dein Herz erneut gleichmäßig langsam schlägt, schaust du dich um. Nein, hier gibt es weder Steintempel noch Holzhütte noch ein anderes Gebäude, in dem etwas verborgen sein könnte. Auch keine spezielle Stelle, die sich für das Versteck von Kunst- und Wertsachen anbieten würde. Hat deine Karte gelogen?

Noch einmal zückst du sie, um sie zu überprüfen. Ah! Auf der dir genau gegenüberliegenden Seite des

Plateaus muss es sein. Nachdem du dir den Weg durch die Büsche gebahnt hast, deren fiedrig-dunkelgrüne und nach Zitronen duftende Blätter dich im Gesicht, an den Armen und den Beinen kitzeln, liegen eine Quelle und eine wunderbare Aussicht auf den Horizont vor dir! Ihr Wasser ist wunderbar klar und blubbert leise vor sich hin, derweil es sich in einem kleinen Bach den Hang hinab ergießt.

Du bückst dich, um eine Handvoll zu schöpfen und deinen Durst zu stillen. Die feinen Tropfen perlen erfrischend deinen Hals hinunter – und während du sie genießt, stellst du fest, dass der größte Schatz der Insel kein Goldschatz ist. Vielmehr ist es die Neugier aufs Abenteuer. Und genau die ist es auch, die du als gutes Gefühl für das Hier und Jetzt mitnimmst, wenn du dich nun reckst und streckst, langsam wieder wach wirst und die Augen öffnest.

Die Tauchfahrt durch das Korallenriff

Mache es dir gemütlich und strecke zunächst deine Füße und Hände, dann deine Beine und Arme und auch einmal die Schultern. Atme anschließend gleichmäßig ein und aus, ein und aus und schließe langsam deine Augen. Dein Puls und deine Atmung beruhigen sich allmählich und du fühlst, wie sich dein Körper und dein Geist langsam immer weiter entspannen und du in die Traumwelt hinübergleitest.

Stelle dir nun vor, dass du in einem nahezu komplett gläsernen U-Boot sitzt. Du befindest dich auf einem sehr bequemen Sessel und hörst das gleichmäßige Rauschen des Meeres und das ebenso tiefe Brummen des Motors, während das U-Boot durch das Wasser gleitet. Nach einigen Momenten dicht unter der sonnendurchfluteten Wasseroberfläche taucht das Fahrzeug langsam immer tiefer und die bisher ziemlich hellen Fluten werden langsam immer dunkler und verwandeln sich von Himmel- zu Mittelblau.

Ein bisschen aufgeregt bist du schon, weil du nicht ganz genau weißt, was dich auf der Tauchfahrt erwartet. Doch bald beruhigt sich dein Puls wieder und die Aufregung macht einer überraschenden Freude Platz: Ein Zackenbarsch ist auf das U-Boot aufmerksam geworden und schaut neugierig durch die Frontscheibe herein. Siehst du, wie beeindruckend groß er ist? Das Licht und das Wasser werfen ständig wechselnde Spiele aus Helligkeit und Schatten auf seine Schuppen und sorgen dadurch dafür, dass seine Konturen im nassen Blau fast zu verschwimmen scheinen.

Er begleitet dein U-Boot, das sich langsam immer weiter ins offene Meer begibt, eine ganze Weile und scheint ein wenig mit dir um die Wette paddeln zu wollen. Wie geschmeidig er sich auf das Korallenriff zubewegt, dass sich nun vor und unter euch auftut! Vor deinen Augen erscheint eine abwechslungsreiche Riff-Welt. Die verschiedensten Seeanemonen, Schwämme und Korallenstöcke überbieten sich in ihrer Formen- und Farbenvielfalt. Ob fein gefiedert oder mit festen Armen, die sich wie stabile

Äste immer weiter verzweigen, bevor sie letztlich doch auslaufen – es gibt kaum eine Gestalt, die du hier nicht zu sehen bekommst. Und könntest du die Hand nach ihnen ausstrecken und sie berühren, würdest du feststellen, dass sich manche ganz weich und zart und andere hart und stabil unter deinen Fingern anfühlen würden.

Zwischen den Korallen tummelt sich eine Gruppe kleiner bunter Fische. Fast sieht es so aus, als würden sie mit den Blumentieren kuscheln. Doch in Wirklichkeit warten sie darauf, dass sie Besuch bekommen. Und fast wie bestellt paddelt eine junge Schildkröte mit beherzten Flossenschlägen auf die Korallen zu, um kurz vor ihnen vorsichtig abzubremsen und sich den Fischen zu nähern. Diese haben keine Angst vor der doch deutlich größeren Schildkröte, ganz im Gegenteil: Fast schon freudig schwimmen sie ihr aus verschiedenen Richtungen entgegen und scheinen sie in eine ruhige Nische zu begleiten. Dort angekommen schließt die Schildkröte die Augen. Dann verharrt sie ganz ruhig an Ort und Stelle, während sich die Fische daran machen, ihren Panzer und ihre lederne Haut vorsichtig abzusuchen und abzuknabbern. Ein echtes Entspannungsprogramm, das das Reptil in aller Ruhe genießt. So sehr, dass sie sich vor dem Aufbruch erst ein wenig orientieren muss, bevor sie sich mit gemächlichen Bewegungen auf den Weg zur Wasseroberfläche macht.

Doch dahin möchtest du noch lange nicht. Zu viel Schönes und Spannendes gibt es hier im Riff zu sehen. Beispielsweise den silber-gelb schillernden Fischschwarm, der durch die Korallen zieht und noch auf der Suche nach der richtigen Richtung zu sein scheint. Dein U-Boot scheint da schon eine genauere Idee zu haben und trägt dich an der Riffgrenze entlang zu einer Seegras-Wiese.

In den Halmen am Rand, die sich weich in den Wellen wiegen, hält sich ein Seepferdchen-Mann fest. Beim genaueren Hinsehen stellst du fest, dass er nicht allein ist: Eine Gruppe von deutlich kleineren, putzmunteren Seepferdchen, schwebt um ihn herum und erkundet die Umgebung. Ein von oben herabfallender Schatten treibt sie schnell in das schützende Dickicht – doch schnell kommen sie wieder heraus. Schließlich bedeutet eine Seekuh keine Gefahr für Seepferdchen! Mit ihren kleinen zackigen Flossen und dem feinen Körperbau muten sie wie Wesen aus einer anderen Welt an. Und auch die ruhig durch das Wasser ziehende Seekuh ist etwas ganz Besonderes.

Ähnlich wie der Zackenbarsch ist sie sehr gespannt, wer mit einem U-Bootes quasi in ihr Wohnzimmer gekommen ist. Kein Wunder also, dass sie neugierig durch die Scheibe schaut und das U-Boot ganz vorsichtig mit ihren großen runden Flossen erkundet. Offenbar ist sie Unterwasserfahrzeuge gewohnt, denn sie hält respektvollen Abstand zum Motor des Gefährts. Nachdem sie festgestellt hat, dass ihr von dir in deiner schwimmenden Hülle keine Gefahr droht, macht sie sich auch wieder auf, um in der Seegras-Wiese zu weiden. Ganz ohne Eile und Hektik bewegt sie sich im Grün.

Du schaust ihr dabei noch ein wenig zu, bevor sich dein U-Boot wieder Richtung Riff bewegt. Auf dem Weg dorthin schwebt eine riesige Qualle an dir vorbei. Ihre Farbpalette reicht von Rosa bis hin zu Orange und es sieht fast so aus als würde sie wie ein Zeppelin durch das Wasser fliegen. Geräuschlos, natürlich. Im Gegensatz zu deinem U-Boot, dessen sonores Brummen du aufgrund der sich dir vor der Glasscheibe bietenden Unterwasserwelt aber auch schon fast vergessen hast.

Doch nun erinnert dich das Geräusch daran, dass du mit deinem Gefährt allmählich wieder auftauchen musst. Ganz langsam bewegt es sich immer weiter Richtung Wasseroberfläche, wobei du immer noch genug Gelegenheit hast, die Lichtspiele auf den Korallen und ihren Bewohnern zu beobachten. Spürst du, wie die Sonne gleichzeitig immer näher zu kommen scheint und wie das Blau immer heller wird?

Stückchen für Stückchen bringt dich dein U-Boot immer weiter zurück in die Welt oberhalb der Wasseroberfläche. Passend dazu fängst du vorsichtig an, deine Zehen und Finger zu bewegen und kreisende Bewegungen mit deinen Schultern zu machen. Auch deine Augen kannst du nun langsam öffnen, um allmählich wieder im Hier und Jetzt anzukommen. Nimm aber ruhig die entspannte Stimmung aus der Korallenwelt mit in den Tag. Und vielleicht entdeckst du ja noch etwas Schönes, das an die filigranen Formen der Blumentiere heranreicht?

Impressum

© Marie Timmermann

Das Werk ist urheberrechtlich geschützt. Jede Verwendung ohne die ausschließliche Erlaubnis des Autors ist untersagt. Dies gilt insbesondere für Vervielfältigung, Verwertung, Übersetzung und die Einspeicherung und Verarbeitung in elektronischen Systemen.

Für Fragen und Anregungen:
kontakt@kroko-verlag.com

ISBN Taschenbuch: 978-3-949809-08-8
ISBN Hardcover: 978-3-949809-09-5

Originalausgabe
Erste Auflage 2022
© 2022 Kroko Verlag, ein Imprint der Wunsch Buch LLC,
St. Petersburg, US

Redaktion: Leopold Heptner
Lektorat und Korrektorat: Meike Licht
Covergestaltung: Danileoart, www.danileoart.com
Satz und Layout: Danileoart